ウリハッキョをつづる会

朝鮮学校ってどんなとこ?

社会評論社

まえがき

今年、多くの朝鮮学校が創立五五周年を迎えた。私たちの子供が通う西東京朝鮮第一初中級学校も同じく半世紀以上の歴史を刻む。

朝鮮学校が誕生して半世紀以上も経つのだと、私たち自身あらためて思う。それほど長いあいだ、百数十校もの朝鮮学校が日本の各地に存在し続けたのだ。それなのに、どれほどの日本人がウリハッキョ（私たちの学校）のことを知っているだろうか。知っているようで知らないのではないか。知らないがゆえに生まれる偏見と誤解がたくさんあるのではないだろうか。朝鮮学校への不信感に満ちたまなざしと疎外感を、私たちは長年感じてきた。

この五五年の間に在日朝鮮人社会は大きく変化し、一世から三世、四世の時代に移り変わり、朝鮮学校のあり方も問い直されるようになった。

そもそも朝鮮学校は、祖国が日本の植民地から解放されて間もなく、全国に自然発生的に誕生した寺子屋式の国語講習所から始まった。朝鮮半島の故郷へ帰るにあたって、日本語しか話せないわが子に朝鮮語を教えたいという、一世の切々とした思いがその原動力であった。

しかし、在日朝鮮人の定住化が進むにつれて、こうした帰国を前提とした朝鮮学校の教育内容は変わらざるをえなくなり、定住化に即した内容へと改善されるようになった。そして、知っているようで知らない「未知の学校」のままではいけないと、日本人への理解を積極的に求めるようになってきた。私たちもそういう気持ちから、本書を作り始めた。

学校創立五〇周年であった五年前の初秋、学校の歴史を残したいと集まった私たち五人は本校の連合同窓会の協力を得て、朝鮮語の記念写真集を編纂・刊行した。五〇年前の貴重な写真や新しい証言も集めて学校の足跡をつづることができたのだが、その後、もっと丁寧に調べて、一人でも多くの日本人にウリハッキョのことを知ってもらえるようなものを作りたいと思うようになった。こうして「ウリハッキョをつづる会」がスタートした。

ここ数年、各地の朝鮮学校では公開授業やバザーなどで学校を開放し、日本人の訪問をたびたび受けるようになったが、訪問者はさまざまな疑問・質問を述べて行った。本書では、よく聞かれる疑問・質問にできるだけ率直に答えるよう努めた。また、なぜそこに朝鮮学校があるのか、どのような変遷をたどったのか、本校の五五年をまとめた。最後に今の朝鮮学校を紹介し、生徒たちはどのように学んでいるのか、どんな教科書を使っているのか、学校を支える保護者たちの姿などについて記した。

本書を手にした人が朝鮮学校を少しでも理解し、身近に感じられるようになればと願う。

朝鮮学校ってどんなとこ?●目次

1

朝鮮学校って どんなとこ？

よく聞く疑問・質問

私たちの学校のすぐ裏に住むある日本人は、昨年行なわれた公開授業をはじめて参観して、「よかった」と短かく感想を述べた。

毎日、朝鮮学校から流れる朝鮮語の校内放送や朝鮮の音楽を聞いて暮らし、意味は分からないが朝鮮語がすっかり耳に馴染んでいるという。しかし、どんな教育がなされているのかは知る由もないまま、約五〇年間朝鮮学校は近寄り難い未知の世界だった。

授業を参観し終えて懇談会に出席した彼は「子供たちがとても明るくて、礼儀正しい。来てみてよかった」と語った。

本校を訪れる日本人のほとんどが、同じような感想を述べてくれる。ほかにも先生がとても熱心だ、学生は挨拶をよくする、校内がきれいだ、などの感想が聞かれる。

しかし、こうした感想の一方で、さまざまな質問も飛び出す。私たちにとっては当たり前のことだったり珍問であったり、中には誤解や偏見もあるが、日本人の目に朝鮮学校がどのように映っているのかを知って、考えさせられることが多かった。

ここではよく聞かれる疑問・質問に、子供を朝鮮学校に通わせる母親の立場から、答えてみた。答えたというより話し合ってみたので、一緒に話に加わっていただけたらと思う。

Q　朝鮮学校のお子さんは日本語が上手ですね？

A　日本語の方が上手です。朝鮮学校の子に限らず在日二世以降は、母国語は朝鮮語であっても、母語は日本語。

B　学生時代、「中国人は世界各国に散らばっても母国語を継承しているのに、日本に渡った朝鮮人は母国語を失ってしまった」って、先生が嘆くのを何回も聞いた記憶がある。

A　でも、それこそまさに朝鮮学校がつくられた動機でもある。本文の中でも紹介したように、解放後、すぐに故郷に帰りたいと思った一世たちが、ふと傍らにいるわが子を見ると日本語しか話せない。三六年に及ぶ植民地支配の中で実施された皇民化政策の結果、子供たちは名前を奪われ、言葉を奪われていた。

B　いつまで経ってもその後遺症から脱け出せない在日同胞の生活様式を、先生は嘆いていたわけだ。

A　うん。朝鮮学校に子供を送って母国語を取り戻させようとした親も、家の中ではやはり日本語で生活するという長年の習慣を払拭することはできなかった。これが「在日」の生活様式としてもう完全に定着しているから、朝鮮学校に入る前は日本語しか話せないというのが当たり前になっている。

B　私の友達が家庭内で子供を一〇〇％朝鮮語で育てたら、近所の子と言葉が通じなくて遊べなかったって話もあるけどね。

Q　朝鮮学校に入ってどれくらいで朝鮮語をマスターするんですか？

A　「マスター」の度合いによるけど、基本的には小学校一年生の一年間に朝鮮語教育に力を入れて、二年生になったら日本語以外の授業をすべて朝鮮語で受けられるように指導しています。

B　「指導」はしてるけど、一年じゃなかなかマスターできないんじゃない？

C　うん。小学校二年生の娘が算数の応用問題が解けないと言うので、問題をまず日本語に訳して読んであげたら「なーんだ」って、簡単に解いちゃったの。二年生くらいだとまだ応用問題の朝鮮語の意味がわからないみたい。

A　私たちの時代には一年でほとんどマスターしたと思うけどね。先生の中にも一世がいて、そういう先生たちは発音も良かったし。今は先生も二世、三世。代が変わる中で発音や抑揚もそうだけど、単語にまで「在日朝鮮人語」と言われるものができてしまって、在日の間でしか通じない部分というのが増えてきた。

B　私は、それは朝鮮語の一方言だと思っているの。済州島の海女を取材した韓国のテレビ番組が字幕スーパーを入れて放映したり、最近、韓国で大ヒットした映画「チング（友達）」

も、全編釜山方言で他地域の人にはよく分からないというので、やっぱり一部に字幕をつけて上映したらしい。在日朝鮮人を取材したテレビ番組でも、分かりにくいと判断した人の発言には字幕がついていた。これすべて方言。

C　私はやっぱり、どうせなら正しいウリマㇽ（朝鮮語）を子供に覚えてほしい。発音も、本国になるべく近く。標準的なものをマスターしてほしいと思うの。

B　勝手な言葉をどんどん編み出してそれを放置するのは良くないけど、いわゆる「標準語」におもねる必要はないと思う。言語は意思伝達の手段なのよ。発音や抑揚が違っても、在日の文化が反映した言葉で、在日サトゥリ（方言）を使って、私たちの在りようを共和国や韓国の人たちにも伝えていく必要があると思う。彼らにとっても見えない存在だった私たちのことを伝えていく時には、まず自分たちの歴史や文化を自己肯定するところから始まらないと伝わらないよ。

A　そうね。母語が日本語である私たちが、母国語である朝鮮語を母語のように話すのはやはり無理がある。感情表現なんか特にそうよね。でも、あなたも言うように言語が意思伝達の手段である以上、本国の人々と通じる言葉でなければならないのも事実。残念ながら日朝交渉が成立していない現時点では北から日本に来ている人はいないわけだけど、韓国からは留学生をはじめたくさんの人が日本に来て住んでいる。彼らとの交流を通して、あるいは講師になってもらったりして、本国の人たちにきちんと通じるウリマルを子供たちに教えていく必要はあるんじゃないかな。

C　うん、子供は覚えが早いから。今でも在日朝鮮人語かもしれないけど、学校の中では一〇〇％ウリマル運動をして、それが小学生のうちからできてるんだから、ブラッシュアップできる時期にやらせてあげたいわ。

Q　ということは算数や理科も朝鮮語で？

A　もちろん。

B　だから数学や理科でしか使わないような言葉だと、日本語で何て言うのか分からないことが時々ある。朝鮮学校出身で九九算を日本語で言える子はいないはず。

A　そうそう。朝鮮学校出身者と一緒にご飯食べた後、みんなで割り勘の計算をしたりする機会があったら、「ああこの人は〝サムチル　イシビル（3×7＝21）〟なんて、朝鮮語で暗算してるんだろうなあ」と思っておけば間違いなし。

A　九九算が日本語で言えないというのと似てるかな、と思うんだけど、ラジオ体操。あれ、できないのよね。

B　「人民保健体操」だ!!

C　確かに朝鮮学校では朝礼の時も、体育の時間も、「人民保健体操」だもんね。

A　お正月なんかに夫の郷里に行くと朝みんなで体操するんだけど、親戚の中に日本学校出身と朝鮮学校出身が混ざってるからみんなで同じ体操ができないのよ。子供たちは柔軟だから教え合ったりしてすぐ覚えるんだけど、大人は今さら覚えられないから、それぞれ勝手にラジオ体操と人民保健体操やってるの。

C　それ、見てみたいな。おもしろそう。

Q　朝鮮学校には給食がないんですか？

A　朝鮮学校では給食のある学校が少ないの。ほとんどの朝鮮学校に給食がないのね。残念ながら、西東京第一も創立以来給食なし。どの生徒たちもみんな、毎日お弁当を持って登校する。初級部に入学した時から、ランドセルの中には家庭でつくった手作り弁当が入っているの。「○○くんのお弁当はいつも豪華だ～」とか、「○○さんのはヘルシーね」など、子供たち同士でうらやましがったり、また「うちのが一番おいしいよ！」と得意げになり、親の心をくすぐるような生徒もいて、昼食時間には教室もにぎやかになるみたい。

玉子焼きやウインナーなどの定番のおかずはもちろんだけど、中にはキムチや辛いおかずがないとご飯がすすまないというような子供たちも多くて、みんな平気で持ってくるの。

B　匂いなんてだれも気にしないで持っていくし、この前なんか、イカをコチュジャンで味付けしたのを持っていかせたら、子供が言うには、これ持っていくと鼻高々なんだって。

C　キムチを差し入れると嫌がるどころか、大歓迎なのよね。もちろん嫌いな子もいるだろうけど、キムチ食べて肩身の狭い思いをするんじゃなくて、自慢するくらいだから、これってやっぱり朝鮮学校特有の現象よね。

Q　じゃあ、オモニたちは一年中毎日お弁当を作らなければいけないんですか？

A　もちろん、学校側が発注している仕出し弁当やパンの注文もできるし、中級部の生徒たちは、コンビニなどで「買い弁」もできる。

C　それに、本文で少し触れているけど、たまには温かい給食を食べさせてあげようという母心から、オモニ会で年に一～二回、一日給食という期間を設けているの。厨房の設備が不十分なため、全生徒の分を一斉につくることができないので、初級部一年から中級部三年まで各学年ごとに、日替わりで行われるの。そのメニューも様々で、カレーライスやハンバーグ、オムライスなどの一般的なものから、ピビンパプや焼肉丼、カルビクッパプなどの朝鮮料理がメインになることも多い。もちろんかたわらには、キムチも添えてね。高学年ともなるとむしろ、朝鮮のメニューのほうが生徒たちのウケがいいみたい。この「一日給食」は、オモニたちの腕の見せどころでもあるはず。

B　この前はファチェ（花菜）を出したの。朝鮮風フルーツポンチ。

A　ファチェ？　私も食べたことないわ。

B　学校でみんな一緒に、朝鮮料理を取り入れたお昼ご飯を食べることで、子供たちの中に自然と民族の食文化が根ざしていくのかもね。

A　それとこれからは子供を思う「父心」を発揮して、「アボジ一日給食」もやって欲しいわね。新鮮で盛り上がると思うんだけど。

Q　朝鮮学校には北朝鮮の人だけが通っているんでしょう？

A　これはよく出る質問。

B　そもそも日本に「北朝鮮の人」っているの？　朝鮮籍の在日朝鮮人はいても、「北朝鮮の人」はいないでしょ。

A　私も、朝鮮籍だけど、「北朝鮮の方です」って紹介されて面食らったことがある。私は、南の韓国に生活実感がないのと同じように、北の共和国に対しても生活実感が全くなくて、あくまでも「在日」でしかないと思ってるんだけど……。

B　この質問に答えるには、在日朝鮮人の「国籍」について一から話さないとダメでしょうね。

A　まずその前に、朝鮮学校には朝鮮籍だけでなく、韓国籍の生徒もいるし、日本国籍の子供も昔からいたよね。最近では韓国から渡日したばかりの子とか、中国の朝鮮族の子もごく少数だけど通うようになって、本当にバラエティに富んできたね。

B　私自身は韓国籍。もちろん子供も韓国籍。そのことで学校内で不都合があったことはない。でもね、バラエティに富んできたとは言っても、あくまでルーツが朝鮮でなければならないっていうのが私は気に入らないの。大体ルーツなんて実は確かめようもない話だし。様々なルーツを持つ子たちが混在して、互いのルーツを学びあったり、互いの文化を肌で感じあったりできるような教育の場が日本にはない。私はね、今の日本の公教育の場でそれが実現できるようになるまでには相当に政府や国民の意識改革が必要だと思っていて、かなり難しいだろうと思っている。むしろ朝鮮学校でこそ、先にそういった多民族多文化教育を実現するべきじゃないかと思ってるの。

C　ひえー、相変わらず過激。それじゃあ民族教育じゃなくなっちゃうじゃない。

B　そう、民族教育である必要なんかないの。民族や国籍にアイデンティティーを求めることはむしろ歪みをもたらすと私は思っているから、自分自身のことや世の中の事象について自分の頭で考えて判断し、行動できる個人を育てることが大事だと思う。

C　私は違うな。やっぱり私たちの祖父母や父母が血のにじむ思いで守ってきた民族教育を守っていかなければならないと思う。民族心をきちんと養ってこそ、人間としての尊厳も保つことができると思うから。私自身もそうだったもの。それに、国も大事。国を奪われた時代の屈辱を思ったら、祖国がある今は本当に堂々と生きられるようになったと思う。私の故郷（祖父の出身地）は現在の韓国の慶尚南道だけど、祖国は北の朝鮮民主主義人民共和国だと思ってる。だから私の国籍の「朝鮮」は共和国公民であることの証。

A　私も朝鮮籍だけど共和国公民という意識はない。そもそも在日朝鮮人がまだ日本の国籍を持っていた一九四七年（注：在日朝鮮人が日本国籍を喪失するのは一九五二年四月二八日のサンフランシスコ講和条約発効による）五月二日に日本国憲法施行（同年五月三日）直前の最後の勅令として出された勅令二〇七号「外国人登録令」以来、在日朝鮮人の登録上の国籍記載はすべて「朝鮮」だった。後に希望により「韓国」表示に変えることができるようになるわけだけど、私はそれをあえて選択しなかっただけ。南も、北も、あえて自分から選択したくはなかった。

B　登録証の国籍欄に「朝鮮」と表示されていても、二人の意識は違うわけね。私も、韓国籍だけど、自分のことを在日朝鮮人だと思っているし、自己紹介の時には必ずそう言っている。そもそも私たちの外国人登録証の国籍欄に記載された「朝鮮」とか「韓国」がそのまま国籍を意味するわけではない。ここのところがよく勘違いされてると思う。日本政府は「韓国」

籍に対しては大韓民国をさす国籍だという認識を示しているけれど、「朝鮮」籍はあくまでも記号にすぎないという立場。そもそも国籍というのはその国の国籍法で定められるものだから、日本での外国人登録によって大韓民国国籍か朝鮮民主主義人民共和国国籍かが定まるわけではない。私の場合は大韓民国に国民登録をしてパスポートを取っているから、外国人登録上の国籍欄記載と国籍が一致しているわけだけど、「朝鮮」籍の人の場合は法的に確定した国籍を持っていないと言っていいんじゃない？

A　いずれにしても、在日朝鮮人のほとんどが現在の韓国にあたる朝鮮半島南部から渡日した人たちの子孫だということ自体があまり知られてないよね。南に故郷を持つ人たちが皆、解放後いったん「朝鮮」籍を持たされたんだってことがね。

C　でも、一九五五年の総聯結成後、朝鮮学校は総聯によって運営されてきたし、総聯は共和国公民として子供たちを教育することを方針として掲げてきたはず。故郷は南にあっても、共和国こそわが祖国と思っている人たちによって、やっぱり学校は守られてきたんじゃないかな？

B　総聯は一九九五年に「朝鮮籍、韓国籍、日本籍の子供たちもみんな朝鮮学校にどうぞ」という内容のアピールを出してる。私は総聯の女性同盟の盟員じゃないからどういう意図でこれが出されたのかはよく知らないけど、少なくとも学校教育の場で思想信条を強要しないという意思の表示だろう、と思って子供を安心して入学させた。

A　二人の考えはことごとくかなり開きがあるみたいだけど、これも今の朝鮮学校の実態かな。とにかく、外国人登録の国籍欄表示とか、思想信条とか、故郷（渡日前の出身地）とかで「北朝鮮の方」とか「韓国の方」といった言い方を「在日」に対してするのはおかしいということだけは言えると思う。

Q　日本国籍の子もいるというのはどういうことですか？

A　それは今に始まったことではありません。

B　私の学生時代の親友も日本国籍だった。父親が朝鮮籍で母親が日本国籍。両親が正式に婚姻届を出す前に母親の戸籍に入れられたって言ってたけど。

A　当時はそういう人が多かったよね。今は、当時とはちょっと事情が違っていて、一九八五年の日本の国籍法改正によって自動的に日本国籍が増えているということ。両親のどちらかが日本国籍ならば、その間に生まれた子はすべて日本国籍を取得することになったから。韓国と共和国の国籍法も同様なので、その子は二重国籍になるんだけど、日本の法律上はあくまでも日本国籍ということになる。

B　例えばうちの学校には今、日本国籍の子はどれくらいいるんだろう？

A　今は一人だけ。

B　少ないね。

A　在日同胞全体からみると本当に少ないと思う。日本人との婚姻が八割以上と言われている中で、韓国籍であれ、朝鮮籍であれ、とにかく日本国籍を取得していない人同士の結婚の比重が、朝鮮学校保護者の間ではすごく高いということを示していると言っていいんじゃないかな。今や日本国籍を持っている潜在的朝鮮人や、いわゆるニューカマーも大勢いるから、解放前から日本にいた朝鮮人、いわゆるオールドカマーの子孫がどれくらい日本にいるのか、統計がとれない状態になっているの。

B　へえー、だから最近は「六〇万同胞」とか「七〇万同胞」とか言わなくなったんだ。

Q　「反日教育」していませんか？

A　「反日教育」って言う人少なくないみたいね。一九九八年二月に日弁連（日本弁護士連盟）が日本政府に、朝鮮学校をはじめとする外国人学校に対して重大な人権侵害があるという勧告を出したでしょう。その際、国会議員のアンケートをとったら、ほとんどの議員が朝鮮学校は反日教育をしているから教育補助はできないって答えたんですって。そういう印象を持たれるようになったのは、本文でも触れているけど、文部省の教育指導要領に従わないのは、すなわち反日的だと、一方的にレッテルを貼られたところから始まっていると思う。

B　それと歴史教育の違いからそう思う人がいるんじゃないかな。例えば、日本の学校では植民地時代のことをほとんど教えないみたいでしょう。だけどウリハッキョでは詳しく教える。「在日」の原点に関わることだから当然でしょう。それが認識のギャップになっているよね。同じ歴史の当事者でありながら認識の開きは相当なものよね。

C　きちんと教えようという日本人もたくさんいるんだけど、そういう人たちのことを「自虐史観」だなんて言い出す人が出てくるしね。

B　「新しい歴史教科書をつくる会」ね。あの会が作った扶桑社の教科書は、植民地はやむを得なかったっていう立場で、加害者としての反省なんて表れていない。あの教科書を読むと、私たち外国人は日本に住んじゃいけないって言われている気がする。その影響で、来年度からの歴史教科書では、八社のうち「慰安婦」についてきちんと書いているのは日本書籍だけ。他の教科書からは「慰安婦」の記述が削除されたのよね。

A　それに現代史を丁寧に教えても受験に関係ないからって簡単にしか教えない学校が多いんだって。だから何故「在日」がいるのかすら知らない人が多くなるのよね。

B　知らなさすぎるということに、やはり私たちは納得できないし、反発を感じる。それを反日感情だ、反日教育しているなんて言われても困るわけよ。

A　歴史認識が違いすぎるというのは、日本に定住する者にとっては辛いよね。

Q　偏った「思想教育」しているという話も聞きますが。

A　偏った「思想教育」って具体的に何を指しているのかな。

B　それはやっぱり「主体思想《チュチェ》」つまり「キムイルソン主義」のことでしょう。

C　「主体思想」の基本は「人が全ての主人です」ということでしょう。仮にそれを教えたからって悪いとは言えないと思うけど。一つの思想信条を教えることで子供たちに指針を与えることは、教育の大事な役割だと思う。

B　それは違うと思う。たった一つの考え方が唯一絶対的に正しくて他は間違いだと教えることは、これから大人になろうとする子供たちから「自分で考える力」を奪うことになる。いろんな考え方があって、いろんな方法がある、その中で何を選びとるか、それを考える力を養うことこそ教育の役割でしょう。「正解」が常に用意されていると、子供たちは教師が用意している「正解」が何か、だけを考えるようになってしまう。

C　だとしても、実際にある種の思想から自由な教育を実践している学校ってあるのかしら。教育って国家が行なう事業だから、その国家の考え方に沿って行なわれるもの。だとしたら、自由主義であれ、社会主義であれ、その国が選択している制度を肯定する考え方を教えるのは当たり前なんじゃないの？　日本の学校だって日の丸を掲げ、君が代斉唱をして、文部省の教育指導要領に従った教育内容を実践しているわけでしょう？　天皇を賛美する歌をみんなで斉唱して、それが思想教育でないとは言えないと思うけど。

A　確かにウリハッキョでは今や「キムイルソン将軍の歌」など個人を賛美するような歌を式典で歌うことはあまりなくなったのに、日本の学校では君が代斉唱が義務付けられて、なんか時代に逆行しているという感じがするわね。朝鮮学校の教育を思想教育だ、反日教育だと批判してきた保守的な人たちほど、君が代斉唱にこだわって法制化に必死になったりするのを見て、なんか変だなと私も思っていた。

B　私は、他もやっているからいいという話をしているんじゃないの。程度の差の話をしているわけでもない。まさに「在日」だからこそ、「国民教育」を乗り越えるべきだと言っているの。一条校になれない、そしてならない選択を自らもしている分、文部省の規制を受けずに済む、だったら海を越えた本国の規制だって受けずに、より普遍的に価値があると認められる教育を実践しようとすればできるんじゃないか、その分経済的に苦しいという問題は確かにあるけど、その逆境をプラスに転じることができるとしたら、それはあらゆる国家の意志から自由な学校をつくるということでしかない、と思うのよ。

C　祖国があってはじめて、私たちは人間としての尊厳を勝ち取ることができた。そのことを忘れてはいけないと思う。

Ａ　うちのアボジは解放前は学校の門前にも行けなかった。解放後、子供たちには勉強をさせたい、故郷にも帰りたいということで、子供を朝鮮学校に入れたんだけど、そんな中で朝連の活動家たちが語る社会主義の理念に触れて本当に感動したって。貧しく生きてきたから、そこに理想を見出したの。また、人間的にも立派な人が多かったっていうのね。それで難しいことは分からないけど、この人たちについていこうって思ったらしいの。そして一九五七年には共和国から「教育援助費と奨学金」が送られてきて、本当に涙が出たって。生まれた時から植民地の民であったアボジにとって、祖国を、自分を守ってくれるものとして実感できる瞬間だったんだと思う。

Ｂ　でもその後、行き過ぎて個人崇拝になっていったと私は思う。

Ａ　それ一色の時期があったのは事実ね。今でも、公開授業やバザーなんかで学校に来た日本人の中には、主席の肖像画が教室に掲げられているのを見て違和感持ったっていう感想を書く人が多い。

Ｃ　確かに肖像画が掲げられているけど、そうなった歴史的な経緯をやはり見る必要があると思うの。教育援助費が送られてきたとき本当に涙が出たって話だけど、それまでの朝鮮学校は、日本政府に勝手に強制閉鎖されて一部が公立になったと思ったらまた廃止になって放り出されて、一九五七年というとまさに朝鮮学校が青息吐息のときだった。だから民族教育を守ってくれるのは共和国だ、共和国の方針に従おうと思うようになった。それは、当時としては納得できることでしょう。

A　そうね。だから、その後どうなったのかというところじゃないかしら。教科書が見直されて教育内容は「在日」の現実に即したものに改善されるようになったけど、それはやはり行き過ぎの面があったという認識を持ったからでしょう。実際、子供の教科書を見て、私たちの時代とはまるで違うな、と思う。子供たちにどんなことを習っているのか聞いても、とても柔軟な教育内容になってきたな、と実感するんだけど。

B　行き過ぎに対する批判があって、そこから反省が生じて改善されてきたなら、さらに変化し、改善し続けないと。守りの姿勢に入ったらおしまいよ。ウリハッキョはずっと苦しかった。今も苦しい。苦しさの原因や種類が時代によって少しずつ異なるとしても、確かに日本の中で苦しく闘って守ってきたのは事実。でも、守ろうとするあまり、いいものも、悪いものも、ひっくるめて守ろうとする傾向があるんじゃないかと私は思っている。守るということは、自ら膿を絞り出すという痛みを伴う作業の中からしか実現できない。日本社会に対して相対的に自らを照らして見るのではなく、私たち自身のために時には思い切って捨てるものは捨てて、改善を進めていかなければ、生き残ることができないと私は思う。

Ａ　問題はまだあるだろうけど、閉鎖的だと思われていた学校を地域に開放したり積極的に地域と交流するようにもなったし、今いろんな変化と模索が見られるようになったわ。活気ある民族教育の場にするための議論は、これからどんどん続けられるんじゃないかしら。

2

55年の歩み

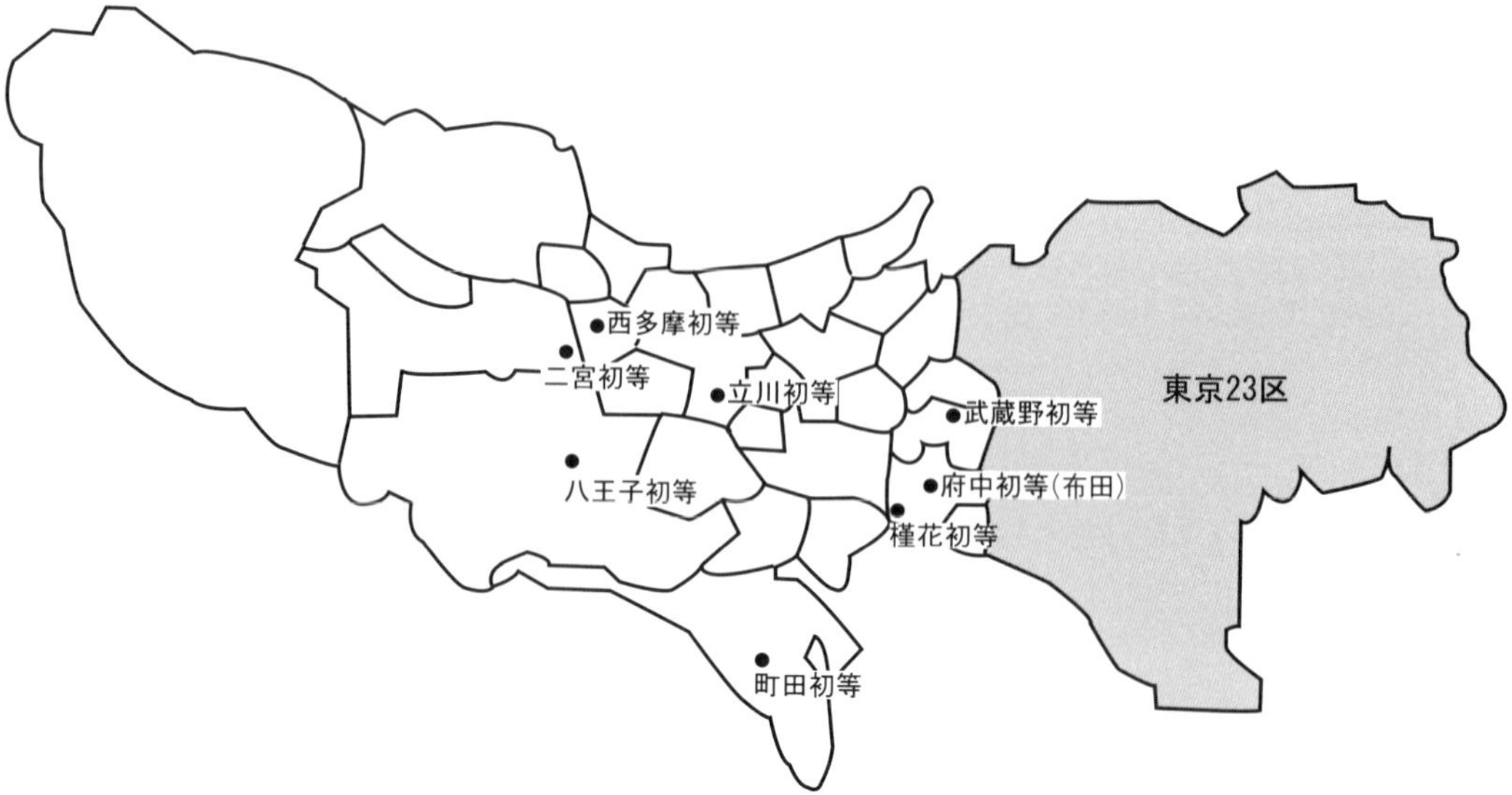

1947年当時、西東京地区の朝連初等学院。「在日本朝鮮人連盟中央総本部全体組織統計表」(『在日同胞歴史資料館設立準備委員会会報』1996. 9. 10) を基に所在地を示した。

一、朝連初等学院

大丸《おおまる》部落と国語講習所

一九四五年八月一五日。

日本の敗戦は、朝鮮の解放を意味した。

当時満七歳になったばかりの金琴順《キムグムスン》の脳裏には、歓喜にあふれる父や母、祖父母や、近所の人々の姿が焼き付いている。

「大騒ぎでした。裸で飛び出したり、たいへんだった。普通の騒ぎじゃなかったって、記憶はある。みんな荷造りしだして」

琴順がいた稲城市連光寺には「四棟の朝鮮人の飯場があり、一五〇人位の労働者が朝鮮から連れてこられ」ていた（『あの忌わしい過去は再び繰り返されてはならない』）。彼らが働かされた場所は、陸軍火工廠多摩火薬製造所。

一九三七年七月、日中戦争勃発に伴い爆薬増産の必要に迫られた陸軍が、東京板橋にあった火薬製造所に次ぐ東京第二の炸薬工場として建設、三八年一一月一日から多摩分工場として操業を開始し、三九年一〇月一日から多摩火薬製造所として独立したものだった。連光寺だけでなく、稲城市大丸にもほぼ同規模の飯場があり、「多くの朝鮮人労働者が火薬工場をつくるため半奴隷のようなひどい状態で重労働を強いられていた」（前掲書）。朝鮮人徴用工を駆り出した工場拡張建設は続き、四〇年に第二工場、四四年には第三工場が操業され、敷地面積は一、七三〇、五七二平方メートルに達したという。

神田で東京大空襲に遭った琴順の家族は、解放のわずか五か月ほど前、この飯場に疎開してきたのだった。徴用で渡日し、各地のダムを転々としていたという父が、連光寺にいた五か月ほどの間、他の朝鮮人労働者らとともに火工廠で働いていたのかどうか、琴順は憶えていない。

しかし解放前、日本の学校に通っていた頃、学校でいじめられた記憶は、今も鮮やかに蘇る。

「弁当を日本人に取られて、一日中お腹を空かせて過ごしたり。土日になると、兵隊さんのためにススキを何束とってくるというような宿題が出るの。必死で取って束ねて持っていくと、途中で全部とられて、私は何も持ってこない、宿題をやってこない生徒ということで一日中立たされて、非国民と詰られながら叩かれて、すごかったのよ。鉛筆も、ノートも、全部とられちゃうんだから、何もないのよ」

そんな状態から解放された人々がまず考えたのは、故郷に帰ることだった。琴順の家族も、家財道具を全部処分し、着の身着のまま手荷物だけ持って、鉄道駅に向かって山を下りて行った。琴順らが着いた南武線南多摩駅前には、戦時中から三棟ほどの朝鮮人飯場があった。大丸部落と呼ばれるこの区域に、解放後は帰国の順番を待つ朝鮮人労働者とその家族らがひしめいていたという。

「丸焼けの丸裸の何もない人たちの集まり。本当に掘っ建て小屋よ。風が吹いたら倒れそうな家」

しかし、日本政府は日本人の中国、朝鮮からの引き揚げに力を注ぎ、在日朝鮮人の帰国問題には責任ある対策を取ろうとしなかった。解放当時二四〇万人に上った在日朝鮮人の中には、漁船を借りたり、買ったりして自力で帰った者が四六年四月末までに六〇万人以上いたとされている。

大丸部落に集まった朝鮮人たちは、帰国に必要な切符を入手するために奔走するのだが、やっと手に入った切符を、琴順の父は他の人に譲ってしまう。身体の悪い人、様々な事情を抱えた人を先に故郷に帰してあげようというのは、部落の人たちにとって暗黙の了解事項だったのだ。

「ウェハラボジ(母方の祖父)も、ウェサムチョン(同叔父)も先に帰国して、ウェハルモニ(同祖母)は妹と私がいたから、私たちと一緒に行くと言って残ったのが、永遠の別れになってしまった」

▲…朝連八王子支部。「1946　4/27　事務所　新築記念」と書かれている。

こうして帰国の順番を待つ間、朝鮮人の親たちが切実に必要としたものが、朝鮮語を知らない子供たちに朝鮮語を覚えさせることだった。朝鮮の解放後、日本全国に朝鮮人による国語講習所が「内発的にいっせいに噴出した」（『在日朝鮮人教育論』）ゆえんである。

ここ多摩地域でも、立川、八王子、町田、福生、府中、調布などに解放直後から国語講習所が開設された。

琴順ら大丸の子供たちは、八王子の講習所に通った。南武線に乗って立川で乗り換え八王子まで行くのである。当時、北多摩、南多摩、西多摩を合わせて三多摩と言っていたが、大丸は南多摩に入るため、北多摩に属する立川の講習所を素通りして、南多摩に属する八王子の講習所まで通わねばならなかったのである。停電の

金琴順（キムグムスン）

神田生まれ。第3期卒業。

1956年から1975年までの20年間、本校の教師を務めた金琴順先生は、本校卒業生の最も多くに記憶される教師と言って間違いないだろう。その勤務年限が長いだけでなく、在任中の20年間は学生数が最も多かった時代だからだ。

「この学校の最盛期、学生数550人の時に教務主任をしていました。私が担任をした中で一番人数の多かったクラスが56人。教師が足りないから2クラスにできなかったんです」

本校卒業後、十条の朝鮮高校を修了して、いったんは看護婦になるが、ほんの数か月にしかならないある日、突然呼び出されて教員採用試験のペーパーを差し出され、その場で採点されて合格。「今すぐ三多摩に行ってくれ」と言われた。

高校を卒業したのがちょうど総聯結成の翌年。東京では都立朝鮮人学校が廃止されて総聯傘下で新たに学校運営をするようになった時である。日本人教員がいなくなった分、余計に教員数が足りなく、総聯が必死に教員養成をしている時代だった。

「学校に来てみると、当時の李孝根校長先生がとにかく2年生の教室に行ってみろと言うの。行ってみたら学生たちがヒッチャカメッチャカ、もうグチャグチャになって遊んでた。教師がいないから、もう1か月くらいこんな状態だったって」

結婚して子どもを産んだ後も教師として働き続けた。しかし、保育園の数が足りなかった当時、朝鮮人を入れてくれる保育園がなかった。金先生は、他のオモニ教員たちと一緒に、学校内に自力で保育園をつくった。これを知った保護者も幼児を入れて欲しいと連れてきて、一時、本校は東京では数少ない保育所付きの学校として、オモニ教員たちの受け皿となった。ベテラン教師として毎年小学校1年生を担任した金先生の他にも、経験豊かなオモニ教員の多い学校として本校が知られた時代の、まさに生え抜きの先駆者だったのである。現在も、朝鮮大学校で教壇に立ち続ける。

ため電車が止まってしまった日などは、鉄橋を渡って歩いて帰ってきたこともあった。

琴順と一緒に大丸部落から八王子に通った子供は一五、六人だっただろうか。満七歳になったばかりの琴順は、お兄さんたちの後について八王子に通った。

「解放された後は、絶対に日本の学校には行かなかった。解放前にいじめられたから、やっつけることしか考えなかったの。女子が石を集めて男子がその石を投げるとか。それこそ血塗れになってやってたのよ」

八王子の講習所には講師が一人もいなかったという。八王子の朝連（在日本朝鮮人連盟）事務所にいる人が日替わりで教えてくれたり、学生らしき人がしばらくの間教えてくれたり。朝鮮の文字や歌を習った記憶が少しある程度だ。

「特に決まった先生はいなかった。チンジュラ先生という、正規の先生じゃなく、当時まだ学生で、アルバイトみたいに時々教えてくれた先生がいたけど。チンジュラって名前じゃないのよ。ただチンジュラ　チュルギって始まる歌を教えてくれたからチンジュラ先生って呼んでただけで、本名は誰も覚えてないの」

小学校に通い始めたばかりの一年生の夏に解放を迎えた琴順は、同時に日本の学校をやめてこの八王子の国語講習所に通った。講習所は間もなく「八王子朝連初等学院」と名を改め、その名の看板が、朝連事務所でもあった建物に掲げられていた。二年生を終えるまでの約一年半、琴順は一時間に一本ほどしかない電車を乗り継いで八王子朝連初等学院に通ったのである。

二宮朝連初等学院

「調布は芮成基《イエソンギ》、西多摩が金ホヨル、立川が全応純《チョンウンスン》、八王子の講師だけどうしても思い出せない。場所は覚えているんだけど……」

と、当時の三多摩地区国語講習所講師たちの名を列挙し、八王子には特定の講師がいなかったという金琴順の記憶を裏打ちしてくれたのは、二宮で講師をしていた朴正遠《パクチョンウォン》である。朴によれば、西多摩には福生と二宮の二か所に、講習所があり、そのうちの二宮を、朴が担当していた。

徴用で北海道の飛行場に来た朴は、間もなく解放を迎えた。満一九歳だった朴は、故郷に帰る前にできれば日本でもう少し勉強して帰りたいと考え、とりあえず東京に出てきた。当時新橋にあった朝連中央総本部の事務所に行き、どこか働き口がないかと尋ねると、三多摩地区に人手が足りないからそこに行ってくれという。朝連立川本部でしばらく活動した後、二宮の朝連初等学院に講師として派遣されたのは、一九四七年に入ってからのことだった。

現在のあきる野市二宮には、解放前から大勢の朝鮮人が住んでいた。一九四〇年四月、陸軍立川飛行場の付属施設として多摩飛行場が福生市に設置され、その建設工事に朝鮮人労働者が従事させられたためである。戦後、この飛行場は米軍に接収され「横田基地」となった。二宮に部落を形成した朝鮮人労働者は、今度は米軍の横田基地建設に従事した。八軒長屋があり、最盛期には一〇〇人以上が住んでいたというこの二宮に、解放後は、朝連の支部事務所が置かれ、子供たちは国語講習所に通った。そして講習所はほどなく「二宮朝連初等学院」と名を改め、朴を講師として迎えたのである。

　全某の家を借りる形で開設された二宮国語講習所は、さながら解放前の朝鮮の書堂（漢文の私塾・寺子屋）のような運営方式だった、と朴は言う。すなわち、家の主人が村の子供たちから授業料を集め、その中から教師の給与を払い、食事を出すという具合に運営された書堂のように、二宮では生徒の親たちが授業料を払い、教師に食事を出す形で実質的に朴を雇っていたというのである。

▲…少年団（1946年）。朝鮮民主主義人民共和国創建（1948年）以前なので太極旗が掲げられている。

朴正遠（パクチョンウォン）

忠清道生まれ。

「同胞たちが全面的に信頼してくれたんですよ、私のような若い、子供を。子供ですよ、40代、50代の方たちから見たら。どこかの子供がやってきて、先生面してるわけですよ」

解放後、朝鮮語講習所が西東京各地にも次々と開設された1946年3月頃、朴正遠先生は福生の朝鮮人集住地区、二宮を担当することになった。

「教員をできるような勉強をしていたわけではない」という。故郷の忠清道とソウルで普通学校、旧制中学校に通った。満18歳の時、徴用で北海道の軍事飛行場へ。弾薬を洞窟の中に貯蔵し、戦闘機の出撃の準備をするのが仕事だった。間もなく解放。若かった朴氏は、どうせならすぐには帰国せず、日本で夜学に通い勉強しながら朝連の活動もやってみようと考え、この地域にやってきたのだった。

「ひたすら、解放された喜び、愛国的熱意というのか、青春の情熱というのか、ただそれだけで、教員がそんなにいないなら私が臨時にやりますと」

結果は臨時では済まず、立川の朝連初等学校への統合、都立への移管、その後の再分離をも経て、1957年までこの学校の教壇に上がった。他の朝鮮学校に配属されて数年した頃、懐かしさのあまり車で二宮、福生、立川などをまわったことがあった。

「当時はそれなりの建物だと思っていたところが、あまりにもみすぼらしくて、ああ、こんなところで子供たちは勉強していたのだと、哀れに思ったり、よくやったものだと思ったりしました」

そんな思いを当時の生徒に話したことがきっかけとなって、初めての同窓会が開かれた。

「女性は顔が変わっちゃって、見ても誰だかわからなくてね、年取ったせいだから許してって謝りっぱなし」

10年に1度の同窓会は、もうすぐ3回目を迎えるはずだ。

「中央集権的な指導体制というのは当時はありませんでした。だから、あくまでも、熱心な同胞が自発的に行なっていたんです。組織的なものではなかったんです。朝連はそういう同胞の動きに対して側面的な援助をするだけです。地域の同胞が集まって、帰国したいのに、うちの子は朝鮮の言葉も、風習も、歴史も、地理も知らない、この子たちを連れて故郷に帰るためには、ちょっと教育してもらわないといけない、という、それだけだったんですよ、当時は」

六、七歳から一三、四歳までの生徒一五、六人が、全某の家の一〇畳ほどもある広い部屋に集まり、複式の授業が行なわれた。教材には、朝連文化部の教材編纂委員会がつくった初等国語、初等算数、初等理科、こども国史などを使った。生徒の年齢や水準に合わせて、ほとんど個別指導に近い複式授業を午前中いっぱいやり終えると、二〇歳そこそこの朴も、さすがに疲れてぐったりしてしまったという。

「午後にもさらに補講をしたりして、その後、生計のためにさらに仕事に出たり……。若いからやったんであって、今あんなことやれって言われたらとてもじゃないけどできない」

朝鮮で旧制中学を出て朝鮮語の読み書きができるという理由だけで講師を任されたものの、年齢も理解度も一人一人みな異なる生徒たちを一人で教えるのは、並大抵のことではなかった。そんな朴の孤軍奮闘も、長くは続かなかった。同じような悩みを抱える他の地域の初等学院と統合することになったからである。

槿花《クンファ》朝連初等学院

駿河街道を間に挟んだ多摩川沿いの下石原には、今もたくさんの在日朝鮮人が住んでいる。「下石原一六三六っていうと、戦後も月賦なんか取り扱ってくれなかった。この界隈は全部下石原一六三六。だから郵便物なんかもなかなか届かない。その七割くらいが朝鮮人だった」

解放直後、下石原一六三六番地に住んでいた朝鮮人の数は二〇〇世帯ほどだったと、一九三三年に下石原に生まれ、今も、ここに住む卞鐘烈《ビョンジョンニョル》は語る。彼も含めて、ここに住む朝鮮人の大部分が携わった仕事が、砂利採取業である。砂利を大小にふるい分けて、小さな砂利をセメントの材料として運ぶのである。卞は、ふるい分けられた砂利をトラックで運ぶ運搬業を、兄と一緒に営んでいた。

「多摩川の砂利ふるい」が始まったのは、明治の末頃にまで遡る。当時は馬車で搬出していた。大正時代に入ってセメントの需要が増大し、砂利の需要も増加した。特に関東大震災（一九二三年）後の東京の復興期にはますます盛んだったという。この頃、生活苦のため日本に渡ってきた朝鮮人にとって、この砂利採取の仕事は手っ取り早く生計を立てることのできる格好の仕事だったのである。

「アボジは戦前から飯場をやってたんだけど、私は戦後、兄貴と一緒に砂利を運ぶトラックの仕事をしたんですよ。やっぱり手っ取り早かったからですね。砂利の仕事は昭和三二年頃に終わりましたけど、今でもトラックで運搬業をやってます」

当時二〇〇世帯ほどもあったという多摩川沿いの朝鮮人らの住まいは文字通りバラックで、どの家も、トタン屋根の上に石を載せただけのみすぼらしいものだったという。この下石原一六三六番地に、日本の敗戦、すなわち故国の解放の報が伝わった後、朝鮮語講習所が作られるまでにさほど時間がかからなかったことは言うまでもあるまい。

一六三六番地から駿河街道を隔てた大きな「集会場のようなところ」で開かれた講習所の跡地に、現在は在日韓国民団の支部事務所が置かれている。

『在日本朝鮮人連盟中央総本部全体組織統計表』によれば、一九四七年にはここに一〇五人もの学生が通っていたとされる。他の講習所の生徒が一五、六人ほどしかいなかったことから見ると、この地域にいかに多くの朝鮮人が密集して住んでいたのかが推し量られる。

「それくらいいたかも知れませんね。授業は確か三部制で、僕なんかは当時六年生だったから最後で、大体午後に行ってましたから。先生も三人くらいいましたよ」

一九三三年生まれの卞が解放を迎えたのは小学校六年生の時である。解放前は地元の小学校に通っていたが、解放後は一切行かず、すぐに国語講習所に通ったというから、この地に講習所がつくられたのも一九四五年九月頃であったと推察される。卞ら高学年は午後の授業だから、午前中に地元の小学校に通い続けることもできたはずだが誰も行かず、午前中は遊んでいたという。半年ほどここに通って、翌年からは十条の朝鮮中学校に通った。

槿花時代に最も印象に残る先生は、芮成基だ。「あの当時には珍しく、英語を教えてくれたんですよ」。

講習所で教える学科はもちろん朝鮮語がメインである。朝鮮語は安という名の先生に習っていた記憶がある。しかし、芮が時々教えてくれる英語がとても新鮮で、英語を操る朝鮮人の講師の存在が幼い心に印象深く残っているのである。

卞一家も解放後すぐに故郷の慶尚南道に帰ろうとして、一足先に帰国することになった母方の叔父に荷物を預けたが、結局卞の一家は故郷に帰れないまま今日に至っている。なぜ帰らなかったのか、まだ子供だった卞はその事情を知らない。

卞の一家に限らず、植民地時代、日本に渡ってきた朝鮮人のほとんどは朝鮮半島南部の慶尚《キョンサン》道《ド》や全羅道《チョルラド》、忠清道《チュンチョンド》、済州道《チェジュド》などの出身者であった。この人たちが解放を迎えて自力で、あるいは日本人の帰還船の到着を待って乗船し、やっとの思いで故郷に帰ってみると、アメリカの信託統治下にあった当時の南朝鮮の現実、「公用語は米語とされ、失業・絶糧・外貨不足」にあえぐ現実にぶつからざるをえなかったのである。さらに、在日米占領軍は帰国朝鮮人の財産の持ち帰りを制限したので、着の身着のままで懐かしい故郷に帰ったものの、家も、職も容易には得られず、苦しい生活を余儀なくされた。このような故郷の状況が日本の同胞らに伝わるにつれ、帰国の順番を待っていた在日朝鮮人らの間で、当面帰国を見合わせざるをえないという認識が生まれてきた。卞の父が荷物を送りながら帰国しなかったのも、このような事情を知ったからかもしれない。

朝連も、このような状況に鑑みて、各地に自然発生的に出来上がっていた帰国のための国語講習所等を初等学院として整備していく方針を立てたのである。

立川朝連初等学院

解放直後から国語講習所が全国に同時多発的につくられていったのと同じように、在日朝鮮人による団体も、日本各地で自然発生的につくられていった。

在日本朝鮮建国促進同盟が八月一五日に東京の日本橋で結成され、大阪の生野でも一六日には在留朝鮮人対策懇談会が結成されるなど、解放を迎えたその日から、続々と民族団体が結成された。そして、より強力な運動を繰り広げるために、これらの団体を統合していくことが求められ、九月に入ると、東京や関西にそれぞれ朝鮮人連盟準備委員会が設置された。そして、九月一〇日にはその代表らが集って中央結成準備拡大委員会を開催、一〇月一五、一六の両日、在日本朝鮮人連盟（朝連）中央総本部の結成大会が開催されるに至った。

大会で採択された「宣言」には、「新朝鮮建設に努力」し、「日本国民との友誼保全」「在留同胞の生活安定」「帰国同胞の便宜を図る」ことなどがうたわれている。

四六年二月二七、二八の両日にわたって開かれた朝連第二回臨時全国大会で、初等学院の設立を決定し、民族教育にいっそう力を注ぐことが確認され、教員養成機関を開設し学校運営を担う「学校管理組合」と「教材編纂委員会」を組織し本格的な教育機関設立に着手し始めた。それは、「一九四六年に入り、相当長期の日本在留という展望にたって本格的な正規の学校教育の必要性が痛感された」ためであった（『解放後在日朝鮮人運動史』）。

同書によれば、一九四六年一〇月現在の初等学院数は五二五校、学生数は四二、一八二人、中学校が四校で一、一八〇人にのぼっている。ここ多摩地域にも、四七年現在、西多摩初等学院（西多摩郡福生町、学生数三五人）、町田初等学院（五五人）、八王子初等学院（一五人）、槿花初等学院（北多摩郡調布町、一〇五人）、立川初等学院（六二人）、府中初等学院（調布町布田）、武蔵野初等学院（北多摩郡三鷹町）、二宮初等学院（西多摩郡二宮村）があったことが確認される（『在日本朝鮮人連盟中央総本部全体組織統計表』）。それまで国語講習所と称していた寺子屋式の学校を、この時期から初等学院と称するようになったことが伺える。

▲…立川初等学院入学祝い（1946. 12）。

この中の八王子、二宮等が立川に統合されて、新たに立川朝連初等学院として出発することになるのである。

それは、朝連二全大会の方針を受けたものというよりもむしろ、現場に携わる教師たちの中から生まれた要求が朝連の方針に反映された結果であったのではないだろうか。

「当時の授業というのはね、教師は一人。学生はみんな年も違うし、いろいろだから、あっち見たり、こっち見たり、息つく暇もないんですよ。そんなふうに複式授業をする中で、教育の質をなんとか上げたいという欲求が生まれてくる。量の問題は、黙ってても、親たちがうちの子に朝鮮語を教えてくれと言って連れてくるんだから問題ない。質の問題を解決するためには、統合して教師を複数にしようという、それが基本だったんです」（朴正遠談）

統合の結果、二宮の朴正遠、立川の全応純、そして新たに権重碩《クォンジュンソク》を加えた三人が、立川朝連初等学院の教師として就任し、校舎ができるまでの間、立川市錦町のアパートの二階で授業をすることになった。朴は言う。

「結局、統合しても教師は三人で、生徒は五、六〇人。あまり状況は変わらなかった（笑）」

立川に統合することになったのは、当時から立川がこの地域の交通の中心地で、市場等もここにしかなかったことによる。

このように八王子、二宮等が立川に統合される前から、立川にも解放後間もなく国語講習所が設けられていた。最初は柴崎町の「ノッポの新井」と呼ばれていた朴という人の家で一〇人ほどの生徒を集めて朝鮮語を教えた。

一九三六年安東《アンドン》生まれの金時鎮《キムシジン》は、埼玉で解放を迎えた後、四五年九月に立川に移り住み、この講習所に弟と共に通った。「九時に行って、先生が誰だったか、ちょっと文字を知っている人に朝鮮の字を教えてもらって、弁当を食べて一時には帰ってくる。学校なんてもんではないが、朝鮮人ばかりだから、もうニンニク臭いと言われることもない。鮮公と呼ばれることもない。それが良かった」と言う。

金の家族もまた、帰国しようと解放の翌年である一九四六年に、下関まで行っている。港に近い小高い丘の上には、圧倒的な数の掘っ建て小屋が、段々に積み上げられるようにして建っていた。トイレもないそのバラック群からは、雨が降ると上の方から糞尿が流れてくる。そん

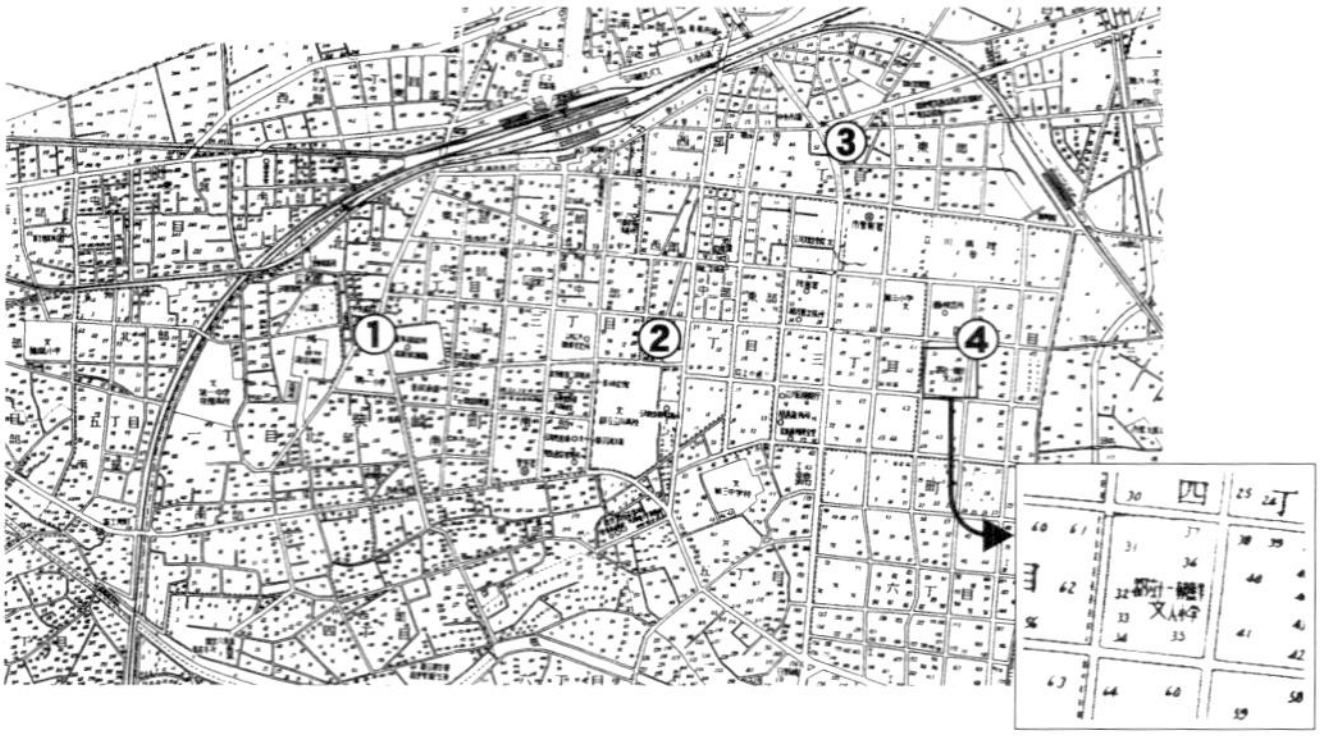

▲…立川朝連初等学院の所在地を分かる範囲で記した。①は1946年の所在地。②③は1947年頃で④は現在地。地図は1953年当時のもので、④の現在地に、後に触れるが、「都立十一朝鮮人小学」と書かれている。

な掃き溜めのようなところで、人々はしかし、懐かしい故郷に帰り着く日を夢見て一日、一日を過ごしていた。ところが金の一家も結局船に乗ることができず、三か月ほどの後、再び立川に戻ったのだった。

立川の講習所は間もなく梁《リャン》道《ド》淵《ヨン》宅の二階に移り、さらに剣道場に移る頃には、生徒数も二、三〇人に増えていた。ここに、二宮や八王子の学生たちが合流することになった時、錦町に移ったのだった。

錦町の建物は、戦前は料亭だったところで、二階の二部屋を初等学院として使い、一階の二部屋を朝連の本部事務所に、そして残りの部屋には朴正遠、権重碩らが住んでいたという。

統合前から立川初等学院を担当していた全応純はソウルの延禧専門学校（現在の延世大学）

▲…第一回立川初等学院卒業記念。

出身で、朝鮮語学会に所属した先生たちから教えを受けた経験もあり、言語学に関心が深く、きれいなソウル言葉を話したという。権重碩もソウル出身、朴正遠は忠清道の出身だが、三人は皆、ソウル言葉で授業を行なった。

八王子の朝連初等学院に通っていた金琴順も、合併にともない、立川に通うようになった。

「私が三年生の時だったかな。当時、立川には八王子よりたくさん学生もいたし、教員もいた。音楽の時間もあったし。でも、体育はなかった。運動場がなかったから。建物の前の道路で体操をしていて、車が来ると、どく、ということをやっていた記憶がある」

この二階建てアパートから、立川朝連初等学院の第一期卒業生を送り出したのは、一九四八年三月のことだった。

三多摩朝連初等学院

朝連が本格的な学校づくりに着手しはじめるにあたって、教員や教材が少しずつではあるが整いはじめて一応は学校のかたちをとり、寺子屋式の国語講習所から初等学院と名を改めたが、まだまだないものだらけだった。なんと言っても校舎がなかった。ほとんどの学院が朝連事務所や他の施設を間借りしていた状態だったので学校建設は急務であった。

学校建設のためにまず「学校建設委員会」が組織され、会長となった朴東宇《パクトンウ》と学校管理組合長の権奎容《クォンギュヨン》の二人が中心になって学校建設事業は進められていった。

朴東宇は、立川朝連初等学院時代の二代目校長朴東一《パクトンイル》の兄であり、また、ささやかながら事業を営んでいた。権奎容は八代目校長権載玉《クォンジェオク》の父であるが、学校建設の功労者として知られる。

学校建設委員会はこの二人をふくむ九人のメンバーからなり、地域別に担当を決めて資金集めと建設用地の確保に奔走した。

建設用地の確保にあたって、関係者たちは土地の購入を考えなかったという。現在は学校法人東京朝鮮学園の所有地となっているが、前にも述べたように、当時の一世たちは故郷への帰国を大前提に考えていたからだ。ほとんどの一世は本国の情勢が落ち着けばすぐにでも故郷に

▲…起工式（1947. 秋）。

帰りたいと思っていたのであり、そのときまでに子供たちに朝鮮語を教え、解放前の同化教育の影を消し去るために、学校を建てようとしたのである。だから、一坪五〇円という掘り出し物の土地が見つかっても、購入せず賃貸にすることにしたのだった。それが現在地である。

写真は、苦労して見つけた現在地での起工式の記念写真である。東奔西走した学校建設委員会の面々が見られるが、なぜか一番の功労者であるはずの彼らが後列や端のほうに並んでいる。彼ら以上の功労者がいるとは聞いていなかったので、最前列の中央に座っている五人の男性がだれなのか、しばらく不明であった。のちに調べてみると、意外にも五人はみな日本人であった。

写真中央の五人のうち、右から二人目の眼鏡をかけた人は、現在も学校近くにある「濱田屋酒店」の先代店主の濱田禎三である。彼は当時市議会議員や町内会長を務めた地元有力者だったが、本校の建設用地獲得に尽力してくれた、いわば恩人であった。朝鮮学校建設に無理解な日本人が圧倒的に多く地元の反対もあったなかで、濱田は地主にかけあってくれたばかりか、土地賃貸契約の保証人にまでなってくれたのだった。

地主の小川家は柴崎町あたりの広い土地と本校周辺の土地を所有する大地主だったが、濱田のことばに耳を傾け理解を示したのは、嫁の良《りょう》だった。

小川良は、のちに市議会議員になり、一九六一年に女性としては全国ではじめて市議会議長になった人物だが、一九四二年に夫が病死してからは小川家を実質的に切り盛りしていたのである。

朝鮮学校と土地契約を結んで間もなく、「なぜ朝鮮人に土地を貸すのか」と反対をとなえる電話がかかってくるようになった。しかし、彼女は全く動じる様子も見せず、そうした声を一蹴したという。

先の起工式の写真には小川良の実家の父である鈴木宗次郎が写っている。濱田の隣、右端の白髪の男性である。家族によると、起工式に招待されたのは小川良だが何らかの理由で出席できなかったので代わりに鈴木が写真に収まったのだろうとのことだった。

起工式も終え、いよいよ工事着工となるはずだったが、実際は資金不足で思うようにはかど

小川　良（おがわりょう）

1910年～1992年。立川市生まれ。

小川良さんの実家である鈴木家は「賀屋登」と呼ばれた旧家の大地主だった。

府立第四高等女学校（現都立南多摩高校）卒業後、満19歳（1929年）のときに隣町の小川家の長男、宏さんと結婚する。舅は立川村助役を務めたりした地元有力者で、英語も堪能な人だった。

ところが地主なのになぜか地代を集めていなかったという。それを良さんが任された。実家で地代の集金をしたことがあったからだ。高女卒業後すぐに嫁いだのでお勝手仕事は何も出来ない嫁だったが、自分も役に立った、とは本人の言葉である。

良さんは1942年に夫が亡くなってからは、実質的に小川家を切り盛りするようになった。

戦中、「銃後の守り」として「家」から「外」へ出ていった女性が少なくなかったころ、良さんも町内の役員になったのをきっかけに、地域に出て行くようになった。

そうした経験から、戦後は地元の婦人会結成（1947年）に携わり会長として活動を開始した。

また良さんは1963年までの12年間、裁判所の調停委員を務めた。民法が旧法から新法に変わったことから生じる離婚や相続に関する調停が多かったという。

1955年、市議会に立候補して見事当選。二期目を務めた1961年には、全国で初の女性市議会議長に就任した。

議員になるまでを振り返って良さんは「特に政治に興味があったわけではない」とあっさり言う。戦前、婦人参政権がなかったころに選挙演説会に出かけたりしているが、それも夫がおとなしい人で一緒に行こうと言われて行っただけと話している。

しかし、1963年に議員を辞めてからも活発に活動を続けた。

町内の老人クラブを設立し、東京都老人クラブ連合会の会長、立川市社会福祉協議会の会長を務め、市の社会福祉に長いあいだ尽力したのである。

らなかった。

「学校建設委員会」の一人である鄭宝雲《チョンボウン》はその頃立川市柴崎町に住んでいたが、ほかのメンバーにくらべて朝連三多摩本部事務所から近かったので、彼の自宅はしばしば委員会の会合場所に使われた。鄭の妻である一二三《ひふみ》は、スーツ姿の権奎容が会合のたびに一升瓶の酒を持参してきたのを印象深く覚えている。委員会長の朴東宇のことはあまり記憶にないが、ほかのメンバーは食うや食わずの有様で、権の酒と鄭夫人の手料理を楽しみに来ていたようだという。鄭家も決して楽な暮らしではなかったが、工夫をこらして空腹青年たちをもてなしたのだった。

日本人である一二三は朝鮮語を解せなかったので、ほとんど朝鮮語で話される会合の内容は、学校のためのことだというくらいしか知らなかった。ただ、夫にメモを渡されると、そこに書かれた人を訪ねて学校建設のためのカンパを集金して歩いたりした。

学校のためならできる限りのことをしたいという一世の情熱は、全国各地で小さいながらも実を結んでいった。そのために、彼らは食べる物も惜しんでカンパを集めた。結婚指輪まで売って学校に寄付したオモニもいたという。一枚しかないオーバーコートを手放して工面したお金を学校に差し出したアボジもいた。また、自ら建設現場でつるはしを握ったアボジの姿、せめて草むしりでも手伝おうと集まった子供たちの姿は絶えることがなかった。そうしたエピソードが各地から聞かれるほど、一世の学校建設への思いは強かった。

権奎容（クォンギュヨン）

1903年慶尚南道生まれ。19歳で渡日。

権奎容氏は、わが校の草創期から学校運営に最も貢献した人の一人だと言われている。

権氏は19歳のときに単身日本に渡り、福岡県の筑豊炭鉱や久留米の河川工事など、肉体労働に従事した。だが20歳にも満たない権青年は体格も小柄で、これらの仕事はことのほか過酷であり、いずれも長くは続かなかった。

そんな折、知人を頼り上京するが、1923年9月の関東大震災に見舞われ、流言蜚語によって朝鮮人が大量に虐殺される現場に直面する。権氏は難を逃れて故郷に戻り、10年間ひっそりと暮らした。

そしてふたたび、今度は家族を伴っての渡日となる。1935年のことであった。

いったん筑豊にとどまった後、愛知県の瀬戸や熱田、長野県を転々としながら、一家は流浪の旅を続けることとなった。

1945年、祖国の解放を迎えたとき権一家は、東京都八王子市にいた。本文でも触れているように、解放直後、ここ八王子にも国語講習所が生まれ、貧しくとも同胞は活気に溢れていた。彼は、何かにつき動かされるようにして朝連や民族教育に対して、並々ならぬ熱意を注いでいく。権氏は、朝連八王子支部の委員長を一期努め、のちに立川に統合されることになった朝連初等学院の建設と運営において、なくてはならない存在となった。

当時の権氏を知る人は、「コチュソンセン」（唐辛子先生）と親しみをこめて呼んでいたようだ。それは、小柄な姿に鼻の頭だけがなぜか赤くて、まるで唐辛子のような印象があったからだそうだ。

当時、校舎を建設するために、三多摩中の同胞という同胞を訪ね歩いていた権氏だけに、彼を知らない人はまずいないといっていいくらい、知れ渡っていた。彼は、わが校の初代管理組合長（教育会の前身）として、学校の運営を一手に引き受け、その後の増改築事業にいたるまで、16年もの間、民族教育に対して情熱を傾けていったのである。

しかし、この頃からGHQと日本政府は、朝鮮学校および朝連にたいする敵視政策を示し始める。朝鮮学校にとって過酷な時代の幕開けだったのである。それでも一世はひるむことはなかったし、学校建設はこれからが本番なのだった。西東京地域の一世の同胞たちもGHQと日本の文部省の敵視政策反対を声高に叫びながら、一方で着実に学校づくりを進めたのである。

この間に、本校の「学校建設委員会」が中心となって集められた建設費用は、約二〇〇万円になったという。それは言うまでもなく、同胞たちが食べる物まで切り詰めて出し合った貴重な寄付金である。しかし実際には、満足な校舎が建てられる金額にはまだ達していなかった。しかたなく建設委員会は二〇〇万円で可能なところまで校舎建設を進めていった。

一九四八年四月、待ちに待った新校舎が第一次工事を終え、一二〇人の生徒を迎え入れた。しかし、生徒たちが第一歩を踏み入れたとき、柱と屋根はあるものの校舎とは名ばかりで、壁はあっても窓ガラスはなく、廊下といっても床も張られていなかった。教室も三つしかなかったので、一・二年生、三・四年生、五・六年生がそれぞれ一つの教室でともに学ぶようになった。それでも学校ができたのがうれしかったと、当時四年生だった金琴順は語った。幼い生徒たちも運動場の草をむしったり石ころを拾ったりと、彼らなりに建設に参加して「完成」をみた学校である。感慨ひとしおだった。

決して十分とは言えない校舎ではあったが、教職員や児童、保護者たちの情熱と希望に支え

濱田雍厚（はまだやすひろ）

（有）濱田屋商店代表取締役。
1932年立川市生まれ。

「濱田屋のご主人」の呼び名でや学校関係者から親しまれる濱田さんは、学芸会や運動会にはよく顔を出し、新校舎竣工式などの記念行事には祝い酒を持参し、記念誌に祝辞を寄せたこともある。

父は本校敷地獲得や校舎建設の恩人とも言うべき、濱田禎三氏。

禎三氏及び雍厚氏と朝鮮人との関わり合いは戦前、朝鮮からの留学生５人を自宅に下宿させたところから始まる。留学生たちは濱田さん宅で雍厚氏と本当の兄弟のように生活しながら、学んだという。

「皆礼儀正しく頭脳明晰な好青年たちで、お国の解放後はくにへ帰り、ひとかどの人物になったそうです。親父は1940年代末に南北に分断される前の朝鮮へ行き、彼らとの再会を果たして、たいそう喜んでいました。その後も折に触れ手紙や連絡がありました。そんな縁で親父も朝鮮の人たちに好印象を持っていて、朝鮮の人たちの為に何かせにゃいかんと、土地の獲得や学校建設に尽力したんでしょう」

その思いはそのまま雍厚氏にも受け継がれ、いつも学校や生徒たちを時には温かい、また時には厳しいまなざしで見守ってきた。

「朝鮮学校の生徒は皆独立心が強く、はっきりした意志を持っている。過去の不幸な歴史もあって、日本学校の生徒たちと目さえ合えばケンカしていた。親父はそれを一番悲しんだので、俺はいつも止めに入ったんです。近所で朝鮮学校の生徒が何か悪いことをしてもまず自分が呼ばれ、俺もハッキリした性格だから大声で怒鳴ったり言い聞かせると素直に謝りましたよ。最近は学生も角が取れて皆おとなしくなったね。また学校ぐるみの交流なども盛んになり、今いい関係です」

昔よく見かけた設立当時からの学校関係者や、「オヤジ、元気か？」と声をかけてくれた当時のバンカラ学生たちが、ふと懐かしくなるこの頃だという。

られながら、わが校はこうして、生徒数一二〇人の「三多摩朝連初等学院」として出発したのである。

この時、土地確保に尽力してくれた濱田禎三が、またひと肌脱いでくれた。一九四八年度が始まり子供たちが通うようになっても、校舎に窓も床も入っていない状態に心を痛めた濱田は、ある日旧立川基地へ行き、立川五連隊陸軍技術研究所の閉鎖された兵舎の窓枠をはじめとする備品をトラック三台分も払い下げてもらい、わが校に運んできたのだった。

その後校舎建設は、寄付金が集まると再開し、また中断しては再開することを繰り返しながら、一九四九年一月、教室が七つに職員室、宿直室、倉庫などをそろえた新校舎が、ようやく完成したのだった。

全国の朝鮮学校はどこも同じような状況だった。当時、埼玉県の川口朝連初等学院の校長だった詩人、許南麒《ホナムギ》はその頃の思いを詩に書き残している。

子供たちよ

これがおれたちの学校だ

これが　おれたちの学校だ、
校舎はたとえみすぼらしく、
教室はたった一つしかなく、
机は
君たち　身をよせると
キーッと不気味な音を立て
いまにもつぶれてしまいそうになり、
窓という窓には
窓ガラス一枚ろくにいれられなくて、
長い冬は
肌をさく北風で
君たちのさくらんぼのような頬を
あおざませ
そして
雨の日には雨が、
雪の日には雪が、

そして一九四八年春三月には
ときならぬ嵐がふきすさび、
この窓をたたき、

君たちの本をぬらし、
頬をうち、
あげくのはては
学ぶ自由まで奪いあげようとし、

見渡せば
百が百
何一つ満足なもののない、
おれたちの学校だ、

だが、子供たちよ、
君たちは

ニホンノガッコウヨリ
イイデス、と
つたない朝鮮語で
おれたちも祖国が統一さえすれば
日本の学校より
何層倍も立派な学校を
建てることができるじゃないかと
かえって
この涙もろい先生をなぐさめ、
そして　また　きょうも
カバンを背負い、
元気一ぱい
学校に来るのだ、

子供たちよ、
これが　おれたちの学校だ、

校舎はたとえ貧弱で、
おはなしにもならず、
大きなすべり台一つ、
ぶらんこ一つそなえられなくて
君たちの遊び場もない
見すばらしい学校であるけれど、
ああ　子供たちよ、
これが　ただ一つ
祖国を離れた遠い異郷で生れ

異郷で育った君たちを
ふたたび祖国のふところにかえす
おれたちの学校だ、
ああ
おさない　君たち、
朝鮮の同志たちよ。

（『鶏は鳴かずにはいられない』から）

（一九四八）

現在わが校の正面入り口にこの詩の朝鮮語版が掲げられている。

二、受難の時代を迎えて

同化政策と「四・二四教育闘争」

本校建設が完工するまでの二年間は、民族教育機関が全国的に着々と進められた時期であったが、一方では重大な転機が訪れていた。

一九四七年一〇月一三日、一世たちの熱い願いを踏みにじるような通告が、GHQから出された。通告は、「朝鮮人諸学校は正規の教科の追加科目として朝鮮語を教えることをゆるされるとの例外を認める外は日本（文部省）のすべての指令にしたがわしめるよう」というもので、GHQが明確なかたちで在日朝鮮人にたいする同化教育方針を打ち出したものである。

GHQは日本占領軍であると同時に、朝鮮民族にとっては解放軍であるはずだった。朝連でもそうした認識から当初は友好親善を表明しており、この年の一月一五日付けの『解放新聞』（『朝鮮新報』の前身）にも、前年の一二月二三日に朝連兵庫県本部婦女部が朝鮮人形をクリスマスプレゼントとして米軍政庁に贈ったという記事が写真入りで載っているくらいである。しかし、在日朝鮮人にたいしてもともと無知で無策だった彼らは、左派勢力拡大の予想以上の勢いに強い警戒心を抱くようになるにつれて、在日朝鮮人問題を単純に「反共路線」で処理するようになっていった。以後、朝連にたいしても朝鮮学校にたいしても敵対視するようになるのである。

こうしたGHQの後ろ盾を得て一九四八年一月二四日には、日本の文部省が「朝鮮人設立学校の取扱いについて」という、いわゆる「一・二四通達」を発布する。

この通達は、「朝鮮人子弟であっても、学齢に該当する者は、日本人同様、市町村立又は私立の小学校又は中学校に就学させなければならない」し、学校の設置は「都道府県監督庁（知事）の認可を受け（略）、各種学校の設置は認められない」とした。また、「教育基本法第八条（政治教育）のみならず設置廃止、教科書・教科内容等については、学校教育法における総則並びに小学校及び中学校に関する規定が適用される。なお朝鮮語等の教育を課外に行なうことは差し支えない」とした。一言でいうならば、朝鮮学校は各種学校としても認められないというもので、今日に至る文部省の姿勢はここに始まっているといえるのである。

「一・二四通達」を受けて朝連は、二月一六日に森戸文相宛の抗議の通牒を発表したのを皮切りに抗議行動を開始する。三月二三日には「朝鮮人教育対策委員会」を組織して本格的運動を展開する構えでいたが、翌日の二四日、文部省は「一・二四通達」に従わなければ学校を閉鎖すると通告してきた。

わが「三多摩朝連初等学院」は四月のスタート前から、このように閉鎖の危機にさらされていたのである。

新年度を迎えた全国各地の朝鮮学校にたいして、文部省はつぎつぎに閉鎖命令や退去命令を出し、それに対する抗議行動も激しさを増していった。

特に阪神地区の同胞は文部省の学校閉鎖令の撤回を求めて一歩も譲らない姿勢で挑んだ。四月二四日、神戸同胞の抗議デモ隊は兵庫県庁を取り囲み約五〇〇〇人が詰めかけ、一部の者は知事室にまで流れ込み、警官隊ともみ合いMPが拳銃を抜く騒ぎにまでなったが、ついに知事から学校閉鎖令撤回の文書を勝ち取った。この日の成果を記念して、一連の阪神地区の教育闘争を「四・二四阪神教育闘争」と呼ぶようになる。

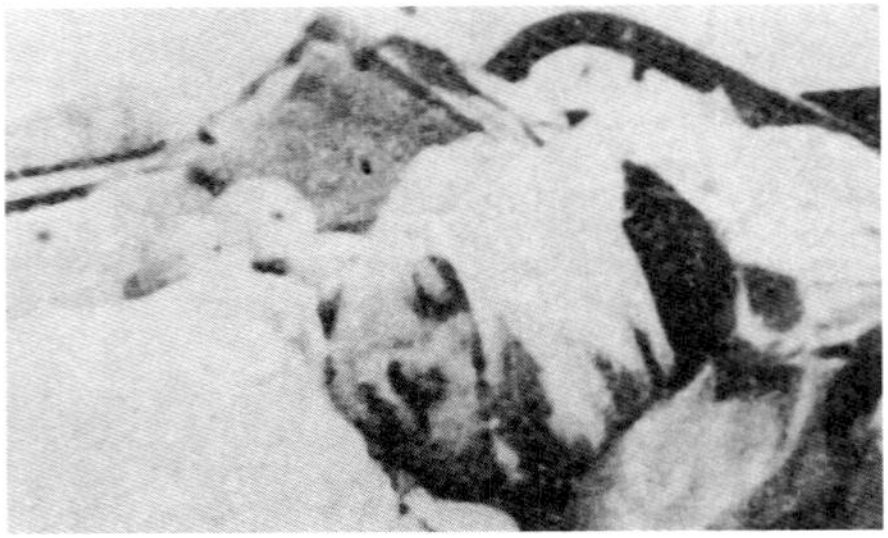
▲…金太一少年。1948年4月27日、大阪赤十字病院にて（『4・24阪神教育闘争』より）。

知事の回答を得て祝杯を挙げた神戸同胞だったが、その夜一一時半ごろＧＨＱは日本占領期で初めての「非常事態宣言」を発令し、一七三二人を検挙していった。最終的には三九名が軍事裁判を受けたが、そのなかの一人で当時の朝連兵庫県本部委員長だった朴柱範《パクチュボム》は、かねてより病気がちだったにもかかわらず獄中生活を送ったがために病状が悪化し、仮出獄となった直後の同年一一月二六日、六四歳で亡くなった。

大阪では四月二六日に府庁舎前の公園で、すでに検挙された者の釈放と学校閉鎖令撤回を求める集会が開かれたが、そこに集まった約三万人にたいし、警官隊が解散を命じて消火用ホースで放水、遂には発砲するにいたった。それによって、当時一六歳の金太一《キムテイル》少年が後頭部に被弾し死亡する悲劇が起きた。その他にも一五人が重軽傷を負い、三人が検挙された。

一方東京では四月二〇日、東京都教育局長から東京一六校に対して閉鎖命令通牒が送られた。朝連の教育対策委員会では緊急会議を召集し、これに対して一斉に抗議を表明するよう各学校に指示し、対策委員会の名で抗議文を出した。翌日には都内各地で学生たちによる閉鎖令反対集会が開かれ、文部省と都教育部長宛の抗議の決議文を採択するが、対策委員会ではできるだけ平和的解決を求めようと東京都との交渉を進めていった。

しかし四月二七日、交渉に当たっていた一六人が検挙されるのである。

検挙者は東京朝鮮中学校（現東京朝鮮中高級学校の前身）の韓秉柱《ハンビョンジュ》校長と尹徳昆《ユンドクコン》理事長をはじめとする都内各学校関係者である。闘争の舞台が都の中心であるため、検挙者のなかに三多摩地区の学校関係者はいなかったが、だからといって閉鎖令から除外されているわけではない。

当時わが校の教員であった朴正遠は語る。

「授業は午前中に終えて、午後には〈闘争〉に出るんです。ここではそれほど酷くはなかったが、私たちは今の東京朝高まで支援に行ったものです。子供たちも街頭でビラを配ったりポスターを貼ったりしました」

こうした一連の教育闘争における全国の総検挙者数は三〇七六名であり、そのうち二〇七名が起訴された。

朝連強制解散と学校閉鎖

一九四八年九月九日、朝鮮民主主義人民共和国が創建され、朝連主催の祝賀大会が日本各地で開かれた。この祝賀大会では共和国国旗が掲げられるようになったが、一〇月八日に「北鮮旗の掲揚禁止に関する国家地方警察本部長官通牒」が発布された。これは共和国の国旗掲揚も国旗が描かれたビラも禁止するというものだった。さらに翌一九四九年四月四日には「団体等規制令」が発布され、九月八日、朝連および在日本朝鮮民主青年同盟（民青）がこれに適用されるとして強制解散となった。これに関連して一〇月一九日には再び「朝鮮人学校閉鎖令」が発せられたのである。

各学校では強制閉鎖に反対して、教職員のみならず保護者も子供たちも学校を死守しようとスクラムを組み、座り込みをして抵抗した。しかし、武装警官は殴る蹴るの暴行を加えて子供たちを教室から引きずり出し、校門に板を打ち付けた。

こうして全国の朝鮮学校はすべて強制閉鎖となり、民団の運営する民族学校も同様に閉鎖させられた。唯一、中立とみなされた白頭学院のみが閉鎖を免れたのであった。

三、都立朝鮮人学校

東京都立第一一朝鮮人学校

朝連の強制解散と学校閉鎖の後も、各関係者はあきらめずに文部省との交渉を続けた。その結果、文部省が提示したものは公立学校への移管であった。

一九四九年一二月二〇日、東京都は都内一五の朝鮮人学校に対して、「東京都立朝鮮人学校設置に関する規則」を定め、「朝鮮人学校取扱要綱」を出した。その主な内容は「朝鮮語、朝鮮歴史などは課外授業とする。課外授業以外の教育用語は原則として日本語とする」。また「学校長は原則として日本人有資格者をあてる」などである。

このようにして、わが校も「東京都立第一一朝鮮人小学校」としての再出発を余儀なくされた。一二月二二日、「取扱要綱」にしたがって本校にも日本人校長以下三名の日本人教師と一名の事務員が赴任してきた。『東京都教育概要昭和二四年版』によると、「東京都立第一一朝鮮人学校」の総学生数は一二五、学級数三、教員数八、雇用員（用務、事務）数三となっており、教員四名、雇用員二名は朝鮮人であったということになるが、朝鮮人教師は課外授業（朝鮮語）を受け持つ専任講師、あるいは時間外講師として身分上極端な差別待遇がとられた。

さらに、当時東京都教育庁が行なっていた、朝鮮人学校の正規教員の資格審査、採用試験は、朝鮮人子弟たちに教えるための朝鮮語や朝鮮の歴史といった、専門分野の能力を問うことはなかった。

日本政府のこのような対応は、在日同胞、とりわけ朝鮮人教師たちにどのように受け取られたであろうか。

かつて日本は、朝鮮への植民地政策として「武断統治」を導入したが、それが失敗に帰するや「文化統治」として「皇国臣民化教育」を強要した。当時、済州島で小学校に通っていたというある女性によると、入学当初「訓民正音《フンミンジョンウム》」（ハングル文字）を学んでいたところ、ある日突然日本人の先生が教壇に立つようになったという。それまで習ったハングルに代わって、「あかさたな……」が登場し、日本語が強要された。朝鮮人教師たちは教員室でも日本人教師から差別され、反抗的な若い教師は官憲に引き立てられていったのだった。

解放を迎えたはずの同胞たちが、こうした過去の屈辱的な歴史の記憶を呼び覚まされ、文部省の措置に抗って民族教育を守ろうとしたことは、当然のことであろう。

現在学校に残されている古いアルバムをめくると、四九年度の卒業式には、それ以前からの朝鮮人教職員五名の顔ぶれが、都立校廃止の年の卒業式まで変わらずそろっている。都立学校時代の民族教育を語るうえで、とりわけ本校の場合、朝鮮人教師がさまざまな困難を乗り越えて定着しつづけたことは、重視すべき点であろう。朝鮮人教師が圧倒的に少なくて、あるいは一人もいなくて民族教育がほとんど消滅しかけていた学校も、少なからずあったからである。

当時を振り返って、朴正遠は次のように語る。

「東京都が示した条件にわれわれが妥協を見せるような形で都立学校が始まったが、都立化のメリットは二点。ひとつは都がくれる学校予算です。当時のお金で年間六〇〇〇万（一五校の合計額）といえば、われわれにとって膨大なものだった。もうひとつは日本政府の管理下に置かれたとはいえ、とりあえずは閉鎖をくい止め、学校を残せるということです」

全てを自前でまかない教師たちも無報酬だった朝鮮学校にとっては、たしかに都の予算はありがたいものに思えたのであろう。しかし実際は、日本の公立学校と比べるとまったく不平等で差別的な待遇だった。

当時の朝鮮学校での支出構成によると、全予算のうちの七五パーセントが日本人教師への給与、残る二五パーセントで講師（朝鮮人教師）の時間給および学校資材と施設費がまかなわれている。

そもそも同胞たちが自力で建てた校舎を敷地共々「都立施設」としたのであるが、それらのほとんどが何らの修繕資材の補給もされずに放置された。

ともあれ、朝鮮学校の歴史において初めて日本人教師を教室に迎え入れ、植民地時代の皇国臣民化時代を彷彿とさせる偏頗的な体制で都立朝鮮人学校はスタートしたのである。

▲…都立時代最初の卒業記念写真（1950．3）。後ろに「都立第十一朝鮮人学校」の看板が見える。前列中央は竹内竜馬校長。

朝鮮学校の日本人教師

一九四九年一二月二二日わが校にやって来た日本人教師たちは、後に日本人側の校長となる竹内竜馬と篠塚、渡辺栄介、大川栄子、ほか一名であった。

幼い生徒たちもこの日本人教師の赴任には動揺をかくせなかった。当時三年生だった民族舞踊家の李美南《リミナム》によると、何人かの生徒たちは授業にも出ずに、校長室に押しかけたという。そして初めて会う日本人教師たちの顔をにらみつけ、「私たちの先生（朝鮮人教師）を出しなさい！」と机をたたき、その上に座り込む生徒たちまでいたという。

制止に入った朝鮮人教師たちに従って教室

李美南（リミナム）

1941年東京生まれ。

背丈近くまで伸びた雑草の影に身のすくむ思いをしながら、夕暮れの校庭で先生が迎えに来るのを今かと待っていた……。

朝鮮民主主義人民共和国人民芸術家である舞踊家の李美南さんは、少女時代の「文宣隊」の思い出をこのように語った。

文宣隊とは、同胞の集まりなどに出かけて朝鮮の歌や踊りを披露する「チビッ子文化宣伝隊」のことである。

朝鮮戦争の最中に、大小の集会がひんぱんに開かれていた折、美南も放課後いったん帰宅し、ふたたび学校に戻ると、先生に連れられ文宣隊に参加した。

初舞台は学芸会。教室に机をいくつも並べて脚を括った即席の舞台で、民族舞踊「草笠童」（双舞）を披露した。その後、本校を卒業するまであらゆる所で「草笠童」を踊ったという。

ある在日同胞が舞踊家李美南を「在日の文化的財産」と称している。なるほど、彼女の舞踊家人生は在日の文化芸術の発展と軌を一にしている。

つねに民族的なもの、同胞に愛されるものを追求し、同胞の前で踊りつづけてきた。共和国との芸術交流がさかんになると国際的な舞台にも立ち、栄えある賞も獲得している。

そんな彼女の才能の萌芽は、都立朝鮮人学校で過ごした少女時代にある。

朴正遠先生の自転車に乗せられてピアノ教室に通う道すがら、バレエ教室の練習光景を目にし、自分も必ず舞踊家になろうと決心したという。その後、著名な朝鮮舞踊家が学校にやって来て、初めて朝鮮舞踊を学ぶことになった。

苦しかった時代の同胞たちが、愛らしいパジチョゴリ姿の「草笠童」にどれほど魅了され、励まされたことだろう。

自らを開花させ、今なお芸術分野の第一線に臨む李美南さんの原点は、わが校の学生時代にあったのである。

に入っても、生徒たちの気持ちの高ぶりはおさまらず、日本人教師が出欠をとり始めると、日本語の音読みで漢字名を呼ぶので無視したり、授業をボイコットしようとする生徒もいて、まったく授業にならなかった。

かつて都立朝鮮人中学校（現在北区十条にある東京朝鮮中高級学校）で五年間理科教師を務めていた梶井渉は、その回想記『朝鮮人学校の日本人教師』（亜紀書房、一九七四年）の中で、初めて朝鮮学校に足を踏み入れた日の生徒たちの冷淡な態度を振り返り、次のように記している。

「（略）〈先生、ぼくたちはね、日本人の先生が教室に入ってくると、みんなぼくたちの学校をぶっ潰した文部省や教育委員会のスパイに見えてしょうがなかったんですよ〉

わたしが生徒たちからどうやら教師としての資格を合格と判定されたころ、ある男子生徒がこんなことをいった。まして朝鮮人教師たちにすれば、このような感情はいっそう鋭く、激痛をさえともなって全身をかけめぐっていたにちがいない。

だからわたしに向けられた目が、冷たさの中に怒りを満々とたたえていたとしても、少しの不思議もなかったわけである。（略）」

朝鮮学校創立以来、度重なる警官の学校侵入を目のあたりにし、反対運動をくり返していたわが校の生徒たちにとっても、学校に入ってくる日本人といえば、全て当局の回し者であり、

「侵入者」としか思えなかったのである。

だが、そのような日々も長くは続かなかったようだ。

朝鮮人教師たちは生徒の反発をなだめ、都立学校において民族教育を実施すべく、日本人教師たちとの協調関係を築いていったという。前出の朴正遠の話によると、都立校時代の五年間、朝鮮人教師たちがもっとも苦心したことのひとつが、この日本人教師たちとの関係づくりであった。すなわち、民族教育の必要性を説き、その維持のために日本人教師たちの理解と協力を得ることである。

学校内においては日本語による授業が正規のものとされ、朝鮮語は課外授業、教える朝鮮人教師も講師としての権限しか与えられていなかった。だが、朝鮮人教師たちの粘り強い交渉により、少しずつ朝鮮語の授業を増やし、朝鮮の歴史や地理も学べるようにしていった。校長も現場では日本人以外に朝鮮人の校長が認められ、今日は日本人の校長が朝礼台に立ったかと思うと、あくる日は朝鮮人の校長が朝礼台に立って、母国語で生徒たちに語りかけるという光景が見られるようになった。教室の壁には「常に母国語で話そう!」などといったスローガンが以前にも増してたくさん貼られていたという。そして、日本人教師の協力を得て、都庁には文部省のカリキュラムどおりに授業を運営しているように報告された。こうして、当初の険悪なムードは徐々にやわらぎ、おだやかな信頼関係が築かれていった。

▲…1954年度の朝鮮人教師と日本人教師。前列左から篠塚校長、権奎容初代教育会会長、権重碩先生、全応純前校長、李孝根校長、朴正遠先生。後列左から三人目が大川栄子先生、姜光淑女性同盟三多摩本部委員長、申相均（後の総聯三多摩本部委員長）氏、右端が渡辺栄介先生。

このようにわが校は、東京都と文部省の指示どおり都立校の体裁を保ちつつ、実質的には朝鮮人の校長、教師が主導権を握る二重構造の中で民族教育を存続させ、多難な時代をゲリラ的に生き抜いたのである。

当時、都教育庁は、日本人教師を正規の教員として朝鮮人学校に採用する際、一・給与は通常の三号俸引き上げ、二・その後何らかの理由で他の公立学校に転出した場合も、その措置は一切変更しない、との優遇条件を施した。

つまり、東京都の暫定的な措置である都立朝鮮人学校の教員を務めることにより、それまでよりも一五〇〇円（三号俸）多い給与が支給され、しかも、それが他校に転じてからも恒久的に保証されるというわけである。

日本人教師の大半が、このような厚遇の魅力に乗じて朝鮮学校に赴任してきたものの、在日朝鮮人やその子供たちの民族教育には無理解で、腰掛け的に教科をこなせばよしとする事なかれ主義がほとんどといってよかった。後に述べる東京都立朝鮮学校教職員組合が結成されると、その会員にはなっても、朝鮮人教師と一緒に組合活動に積極的にかかわる者は、それほど多くはなかった。本校の日本人教師のように信頼関係を築くにいたった日本人教師は、例外的な存在だったのである。

渡辺栄介は朝鮮の子供たちの中に入っていこうと努力し、生徒の信頼を得るようになった数少ない先生の一人である。初めて朝鮮学校の教壇に立ったその日から、朝鮮語読みで生徒の名を呼び、おだやかでやさしい人柄も手伝って、子供たちから大変慕われていた。

音楽担当だった大川栄子は、厳しいながらも面倒見がよく、民族教育にも徐々に理解を示し、朝鮮語をおぼえて子供たちの名を呼ぶようになったという。前出の李美南は大川が担任になったとき、学芸会で日本の童謡の歌詞を朝鮮語に訳して振り付けをつけてくれたのを印象深く覚えている。それを皆の前で歌ったときのことがとてもうれしかったと語っている。

こうして朝鮮学校になじんでいった日本人教師たちは、徐々に朝鮮人教師たちと一緒に同胞の家の食事に呼ばれるようにまでなった。

東京都立朝鮮学校教職員組合の結成

都立朝鮮人学校が発足した翌年の一九五〇年一二月、朝鮮戦争が始まったその年に東京都の朝鮮学校の朝鮮人・日本人教師たちとで、東京都立朝鮮学校教職員組合（以下朝教組）が結成された。

これは、実際に朝鮮学校で朝鮮人生徒たちを教えながら、日本の法規による朝鮮人教育に矛盾を感じ、あくまで民族教育を維持させようと努めていた朝鮮人教師たちに共感し、彼らに協力し始めていた日本人教師の側から提案され、準備が進められていた。

だが、労働者の権利、地位、身分などを保持する組合という組織の性格上、文部省によって相反する立場に置かれていた朝鮮人と日本人の教師が合法的に手を結ぶということは、この当時きわめて難しい状況にあった。都立朝鮮人学校の動きに対しては、日本の政府、文部省、教育委員会、さらに警察までがつねに厳しい監視の眼を光らせていたという。事実、朝教組結成に到るまでにはさまざまな妨害があり、準備にとりかかる教師に私服警官が公私にわたってつきまとうということも日常的に起こっていた。

にもかかわらず、朝教組は万難を排して結成の運びとなり、その結成大会の日本人教師側の議長に選出された梶井渉の回想記によると、小学校一三校、中・高各一校の教員総数二〇〇余名のほとんど全員が朝教組に加入した。

朝教組は結成後、都立朝鮮人学校をめぐるさまざまな時局に際し、日教組や都教組、朝鮮人教師の組合と共闘した。日教組全国集会においては、朝教組代表が朝鮮人学校の状況について報告し、また都教組の教員研究集会ではほとんど毎回朝教組から朝鮮人教師と日本人教師が論文発表をしている。

その内容をみると、たとえば一九五二年の日教組第二回全国集会においては、在日朝鮮人教育のさまざまな問題が報告され、朝鮮人による自律的な独自の民族教育運営の重要性を説きながら、都立朝鮮人学校の問題がとりあげられた。そして、都立学校における朝鮮人教師の差別的な待遇についてふれられ、文部省の提示する教員資格、採用試験を朝鮮人教師にまで適用することは、朝鮮人児童を教えるための資格基準として甚だしく矛盾することを訴えている。

一九五一年より毎年開催されている東京都教職員組合連合の研究集会には、朝鮮人教師もいくつかの分科会で論文発表し、朝教組代表と称して都立朝鮮人学校の日本人教師もこれに参加している。

それらのなかには、当時都立朝鮮人高校の教諭で在日朝鮮人史研究家である故朴慶植《パクキョンシク》の「朝鮮人学校に於ける歴史教育」もある。

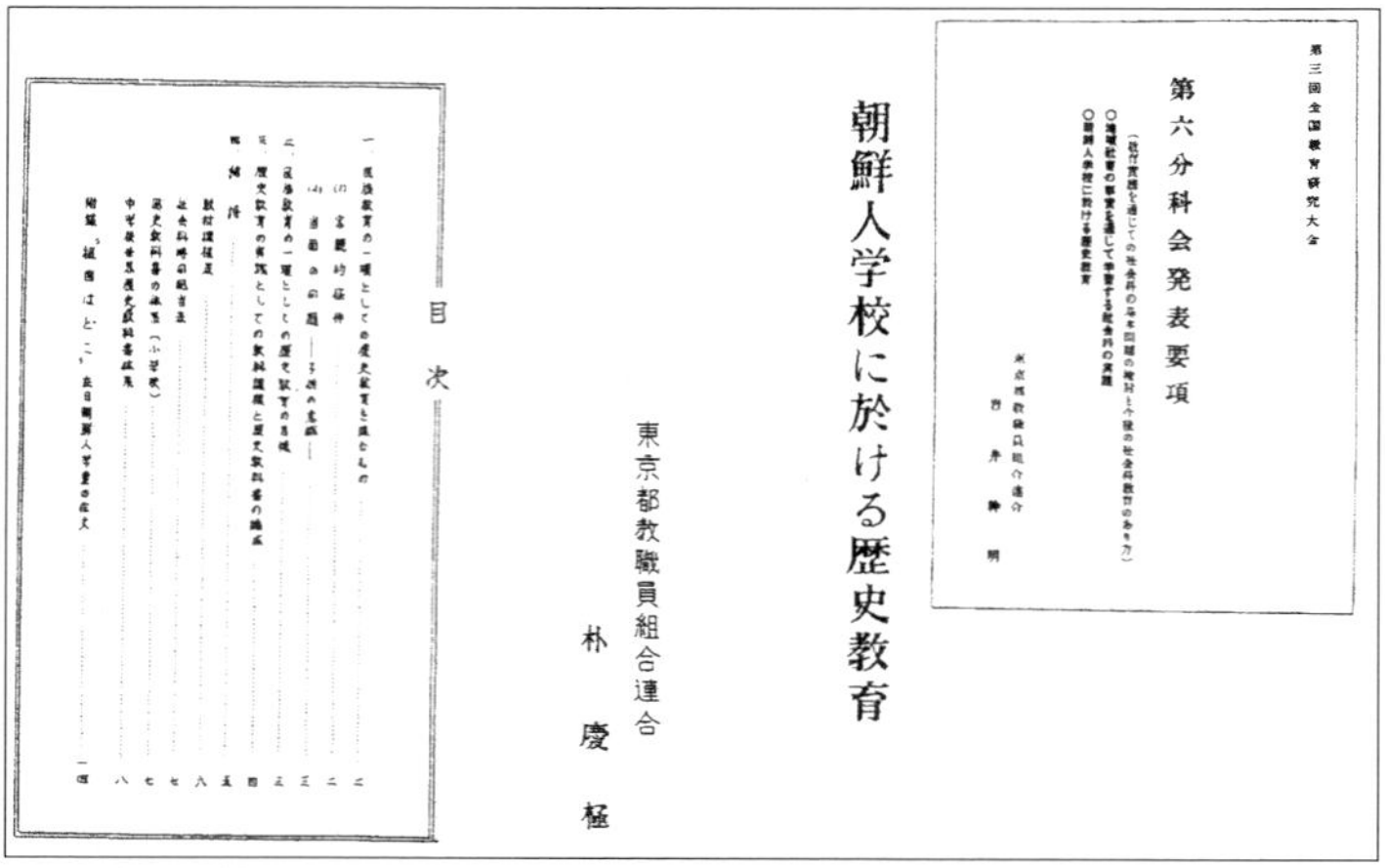
第三回全国教育研究大会

第六分科会発表要項

〇朝鮮人学校に於ける歴史教育

朝鮮人学校に於ける歴史教育

東京都教職員組合連合

朴　慶　極

目　次

一　民族教育の一環としての歴史教育と重なるもの……二
(1)　客観的条件……二
(2)　当面の問題——子供の意識——……三
二　民族教育の一環としての歴史教育の目標……三
三　歴史教育の前提としての教科課程と歴史教科書の編成……四
四　結語……五
教材課程表……六
社会科時間配当表……七
歴史教科書の体系(小学校)……七
中学校世界歴史教科書体系……八
附録「祖国はどこ」在日朝鮮人学童の作文……一四

▲…東京都教職員組合研究集会の報告書。報告者が「朴慶極」となっているが、この報告のための朴慶植のメモ書きが残っていることから、朴慶植の報告であることが分かる。(『在日朝鮮人関係資料集成〈戦後編〉』第七巻より)

また現在のわが校校歌の作詞者でもある第五代目校長、金護経《キムホギョン》も第四回大会の第三分科会において「朝鮮人学校及び日本人学校に於ける朝鮮人児童の成長過程」という論文を発表している。

教研集会では朝鮮人発表者のみが朝鮮人の民族教育について研究発表したのではなく、日本人教師によっても朝鮮人子弟に関するテーマが報告された。このようにみると、都立学校において民族教育を維持するうえで、日本人教師たちの協力も決して小さなものではなかったといえるだろう。

圧力に抗して

朝連解散後、一九五〇年六月二五日に朝鮮

戦争が勃発すると、その三日後には「祖国防衛中央委員会」（祖防委）が発足され、軍需基地となった日本から武器・弾薬、そして米兵を朝鮮半島に送らないための妨害闘争などが行なわれた。ここ多摩地域では特に、間近に立川の米軍基地をひかえていたこともあって、祖防委の活動は活発だったという。祖防委はのちに暴力的すぎたなどと批判されるが、朝鮮戦争をただ傍観してはいられないという空気の中で、わが校の生徒たちも学校が終わると先生たちとともにビラ撒きや署名運動に参加した。

現在朝鮮新報社副社長をつとめる姜 占龍《カンジョムリョン》は、朴正遠はじめ先生たちから祖国の戦況をそのつど知らされ聞かされたことを、最も印象深い思い出として都立学校時代をふり返っている。

一九五一年一月九日「在日朝鮮統一民主戦線」（民戦）が結成されるが、綱領の七項目の中には、民族教育の自主性を確保することに全力を注ぐことがうたわれていた。そして活動方針として、民主主義的民族教育の強化、朝鮮人ＰＴＡ連合会の結成、日本の公立学校内に朝鮮人教員による民族学級を設置することなどを打ち出した。

一方、日本社会においても、反戦的な民主陣営の闘いが高揚し、日教組などもふたたび教え子たちを戦争の担い手にさせてはなるまいと、朝鮮戦争に対する日本の軍需行動に反対した。しかし、一九五二年にメーデー事件、皇居前デモ事件が発生すると、これらの社会的混乱に警告を発するかのように、「破壊防止法案」が衆院本会議で可決・成立し、この破防法が公布施行されると同時に公安調査庁が発足した。

このような中で日本政府は、朝鮮学校に対し以前にも増して監視の眼を光らせるようになった。そして、文部省の指導方針どおりの学校の体裁を保ちながら、実は朝鮮人教師たちが主導する二重構造を持った朝鮮学校の実態を知るところとなった。文部省は朝鮮学校の問題点を、次のようにあげている（『中外調査』）。

- ●学校指導要領の基準が守られず、独自の課程で朝鮮語による民族教育が行なわれている。
- ●学校管理、朝鮮人教員の任免権を事実上朝鮮人側が握っている。
- ●民戦系の朝鮮人が民族課目（朝鮮語、朝鮮歴史等）の正課採用、朝鮮人教員の待遇改善等を要求している。

日本における朝鮮戦争への布石として、朝鮮人学校を全国的に閉鎖に追い込み、あるいは東京都のように暫定措置として公立移管することによって、最終的には民族教育を抹殺しようという企図が達成できないものとなったとき、日本政府はあらゆる行政的弾圧を加えた。

先に、一九五一年四月、一〇項目からなる「学校閉鎖令の遵守」を強要する通達を発した。そして、この年に調印された日米間のサンフランシスコ講和条約が一九五二年四月二八日に発効すると、日本政府は在日朝鮮人を「日本国籍を有する者」から「日本国籍から離脱する者」とみなすようになった。さらに九月には「朝鮮人子弟の公立小・中学校および高等学校への就学について」という通達が出された。これは、五三年二月に正式な文部省通達となるが、植民地支配の責任をとり、在日朝鮮人を「外国人」としてその法的地位を保障すべきという朝鮮人の主張とは、全く相反するものだった。すなわち、日本国籍でない者に義務教育を施す必要はないとし、都立朝鮮人学校を私立に移管して、ふたたび閉鎖に追い込もうとしたのである。

都立廃校

東京都教育委員会は、連日各新聞に朝鮮学校に対する誹謗記事を載せ、朝鮮学校は「極端な政治教育を行なっている」と宣伝した。そして、それを是正すると称して、一九五三年一二月八日、「六項目」の要求を伝達し、その文書回答を要求した。

六項目の内容は次のとおりである。

一．イデオロギー教育をするな。
二．民族教科を課外にせよ。
三．定員制を守れ。
四．生徒の集団陳情を止めよ。
五．未採用教員を教壇に立てるな。

六、教職員以外の者を教職員会に入れるな。
朝教組の情報宣伝部が発行した『民族の子』（五四年一一月三〇日発行）によると、当時の松沢教育委員長は「これは、あくまで吾々の希望であって、押しつけではないが形式的にでも（文書回答を）出してくれ」という気やすい言い方であったという。それが後に都立朝鮮人学校を廃校の寸前にまで追い込み大問題になるとは、夢にも考えていなかったとしながら、当時日本人教師たちは六項目について、次のように考えたという。

「第六項を除いては、第一項はピントはずれであり、第二、三項はまったく実情を無視したものであり、第四、五項は第三項に付随する問題である」

だが、朝鮮人教師はじめ在日朝鮮人たちは日本人教師たちとは違い、六項目問題を深刻に受けとめたという。

五四年一一月一一日ＰＴＡ連合側は「六項目は憲法違反であり回答することができない」旨申し入れたが、まったく聞き入れられなかった。

民戦中央の教育資料『平和と民主民族教育を守るために』によると、ＰＴＡ連合が話し合いによる問題解決を進めようとしたのに対し、教育委員長は誓約書を署名捺印のうえ提出することを要求し、しきりに学校閉鎖をもって脅迫した。この誓約書の文案内容が、後に出される三〇項にわたる細則の骨子となったのであるが、これらの動向は在日朝鮮人にとって耐えがたく屈辱的なものであった。

ＰＴＡ連合会は六項目について（一）第六項は実際なかったことである、（二）母国語を使う自由を否定、朝鮮人教師の教授用語、生徒の自治会用語も日本語を強要し、出版物、壁新聞にいたるまで翻訳文を提出し、検閲を受けねばならぬものである、（三）実際の民族語による民族的教養を、ほとんど不可能な状態におとしいれている、（四）自国である共和国を支持する自由を剝奪しようとするものである、と述べている。

教育委員会と話し合う過程で、ＰＴＡ連合は各項目についての具体的、現実的な覚え書を用意し、第三項の定員制の問題以外は、全て原則的に承認するとの大幅な譲歩も試みたが却下され、あくまでも当初の六項目を受諾するよう迫られた。三月三〇日、ＰＴＡ代表がこれを受諾しなかったとして、新学年の開校（四月五日予定）の無期延期が各朝鮮学校長あてに通達された。

そして、四月七日、「四月九日午後五時までに今後教委の一切の指示に無条件に従うことを受諾せよ、受諾しなければ廃校にする」との最後通告が発された。

この最後の通告後、民戦中央は内外に向け民族教育を守るために闘い抜くという主旨の声明文とアピール文を、四月八日付で発信している。

四月九日の午後、ＰＴＡ連合代表は武装警官と装甲車で埋めつくされた教育庁舎におもむき、新聞記者とカメラとマイクに囲まれて会見が行なわれた。松沢教育委員長はＰＴＡ側のあらゆる発言をさえぎり、時計を見ながら、とにかく五時までにイエスかノーかだけを聞かせてもらいたいとつき放したという。ＰＴＡ代表が東京都の朝鮮人学校に学ぶ五〇〇〇人近い生徒たちが学校を奪われ、ふたたび四五年以前に戻ること、それだけを避けるために受諾する意思を述べようとしたが絶句してしまい、別の代表が泣きながら代わって「教育委員会の善意を信じ受諾します」と答えたという。

間もなく四月九日付の「朝鮮人学校の運営について」という三〇項目の細則が指示された。ここでは、正課は日本人教師が担当し教育用語は日本語で、民族課目は課外とし教科書はいわゆる正規のものを使用し、生徒自治会も日本語を使用するようにとされていた。さらに定員制とされてしまい、既に決まっていた入学予定者五五〇人のうち二五〇人しか受け入れられなかった。こうして民族課目の教科書は長い間使用できず、朝鮮語の学力は低下していった。

だが、廃校だけは避けなければとやむなく六項目を受諾したにもかかわらず、都教育委員会は同年一〇月四日、突然五五年三月三一日限りで廃校にすると通告してきた。

その内容は「占領下という異常な社会情勢下における極めて特殊な、しかもやむを得ざる暫定的な措置であった」が講和条約発効後速やかに廃止すべきであったし、引き続き経営することは全く不可能であるとしていた。これより先の同年五月三〇日〜六月三日まで開かれた日教組の第一一回定期大会では、朝鮮人教育を守り、そのための朝鮮人教育対策部を設けることが決議され、都の通告にたいして反対する要請行動も行なっていた。しかし、それらも一切受け入れられなかったのである。

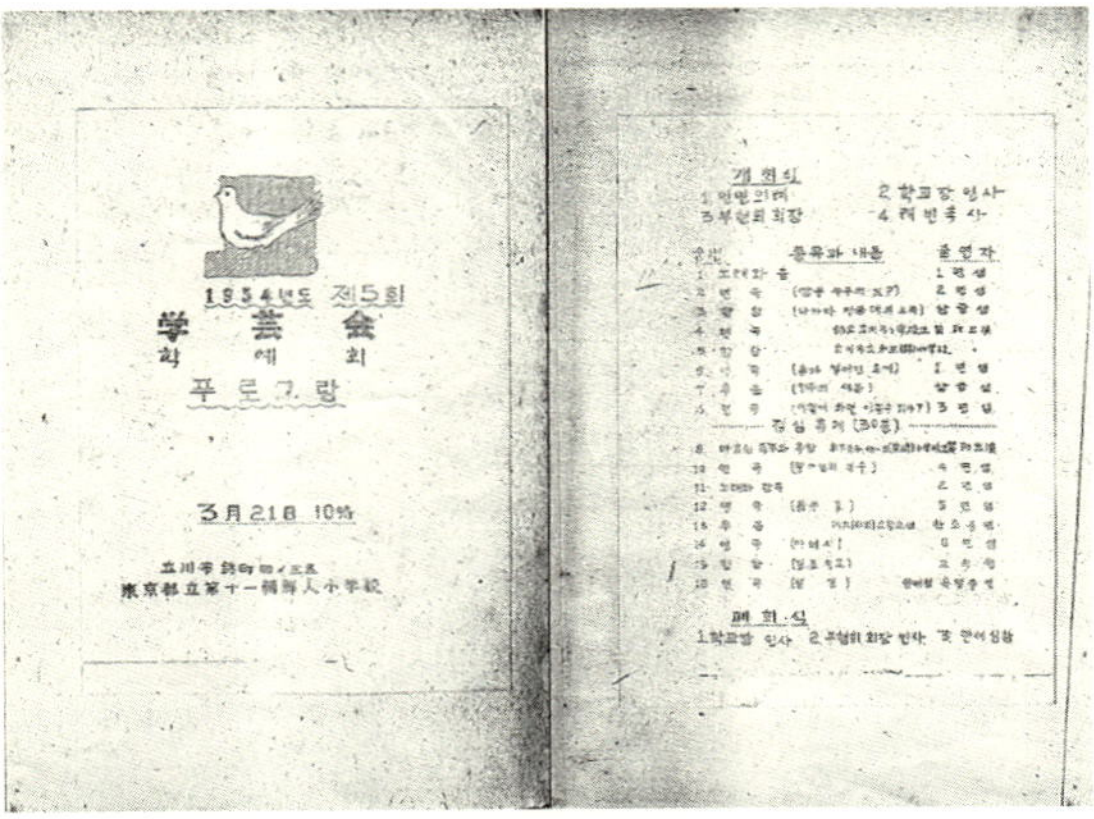

▲…1954年度、第5回学芸会プログラム。16の演目のなかで演劇が8つもあり、3つの日本学校が賛助出演している。

都立朝鮮人学校の子供たち

当時の日本の新聞をみると、在日朝鮮人青少年の軽犯罪が少なからず散見される。その背景には民族的差別と貧困の問題があったと言える。日教組の全国集会では極端な貧困にあえぐ朝鮮人生徒の家庭の問題や、日本の学校生活での民族差別の問題が報告されている。

一方、民族教育の存続が危ぶまれたこの時期に、朝鮮学校の中・高校生たちは生活苦にさいなまれながらも、都立校廃止反対のために朝鮮人教師たちと一緒になって闘っていた。

この時期、わが校の生徒たちはどのような学校生活を送っていたのだろうか。

何人かの卒業生の話をきくと、小学生ということもあろうが、都立学校の初めこそ日本人教師が入って来たりしたことで戸惑いや反感があったものの、その後は比較的穏やかな日常だったようだ。日本人教師たちともなじみ、授業内容も以前と変わりなく、生活は貧しかったが、とても楽しい学校生活だったと一様に語る。

ときおり近辺の日本学校の生徒とのいさかいもみられたが、先生たちにいさめられ、穏便にすまされることが多かったという。

だが教諭朴正遠の話によるといささか趣が変わる。

「その頃の子供たちの自分の学校を守ろうという意識、友達や先生に対する思いやりといったものは、今の子供たちには想像もつかないものです。近隣の日本学校生徒から〈朝鮮学校ボロ学校！〉とはやされた時、〈今にもっといい学校を建ててやる！〉と言い返すあの意気込み。教師が思案げにしていると、無言で子供なりに心配する、子供同士いたわり合う……。本当に今とはずいぶん違いました。一人知的障害の子がいましたが、誰もその子を差別することなく、いたわっていました」

苦しい時代状況がそうさせたのだろうか。同胞社会の中で子供たちは朝鮮人同士助け合わねばならないという気持ちを強くもち、民族意識も自ずと育まれていった。

都立学校が私立移管し、ふたたび自前の民族教育を立て直さなければならなくなった在日同胞たちにとって、苦難の時代に育まれた共同体意識がその底力になったにちがいない。

四、総聯結成後の朝鮮学校

自主校として再出発

一九五五年五月二五日、共和国の海外公民としての立場を明確にした路線転換によって、在日本朝鮮人総聯合会（以下総聯）が結成された。

総聯が結成されることにより、全国各地の朝鮮人学校は自主的な教育方針に沿って、母国語による民主主義的民族教育を実施し、新たな道を歩むことになった。

しかし、多くの学校が日本政府の弾圧により廃校されたままであったり、運営されていた学校も財政的に困難を極めていたため、校舎を整備し施設を充実させることができない状態となっていた。

一九五五年三月現在自主学校が七一校、学生数が一万七〇〇〇名でありその他公立分校が二〇か所、民族学級が六〇か所であった。

総聯はその結成大会において、「われわれは在日朝鮮同胞の子弟に母国の言葉と文字で民主民族教育を実施し、一般の成人の中に残っている植民地的な奴隷思想と封建的遺習を打破し、文盲をなくして民族文化の発展のために努力する」という教育の基本方針を打ち出した（『解放後 在日朝鮮人運動史』）。

一九五五年四月、わが校も都立が廃止され「東京朝鮮第一一初級学校」として再出発した。都からの予算が打ち切られ財政的には厳しい状況であったが、それよりも、教師と生徒たちはもちろん、この地域の同胞たちは皆、自主学校となったことを前向きに受け止めるようになっていった。もはや、日本の政府や日本人教師のものでも誰のものでもない、自分たちの学校を取り戻したという思いで、民族教育の再建に取り組んだ。

昼は生徒たちが母国語、朝鮮の歴史や文化を学び、夜は青年同盟の若者たちが集い、学校は昼夜を問わず活気にあふれていた。朝鮮語を知らない母親が生徒たちと共に学ぼうと、教室の片隅に机を並べる姿や、孫たちが勉強する姿が気になり、教室の窓越しで見守り、よそ見でもしようものなら教室に入って頭をこづくハラボジ（おじいさん）の姿を見かけるのも、この頃

▲…総聯結成後初めての卒業式（1956. 3）。共和国国旗とキムイルソン将軍の写真とともに、前列左から4人目の女性教師がチマ・チョゴリを着ているのが、自主校として再出発した朝鮮学校を象徴している。

にはさほどめずらしくなかった。

同胞たちは、自分たちの元に戻った学校を「ウリハッキョ」と呼び、こよなく愛し大切にした。

当時わが校には一学年に平均三〇名ほどが在籍し西は高尾、東は稲城に至る多摩地域の広い範囲から約一五〇～一八〇名の生徒たちが通っていた。

李孝根《リヒョグン》校長はじめ教員たちは、主権を取り戻したという自覚をかみしめながら、苦しくとも生徒たちが民族の心を育めるよう情熱を傾けた。

「社会生活の第一歩を踏み出したのが、この学校でした。当時の学校の雰囲気といえばとても民族的気運が高く、すべての同胞たちが心をひとつにして、学校のために惜しみない支援をしてくれました。それが何より私たちの励みになりました」

一九五五年度から五七年度まで、一年生はじめ低学年の担任を受け持った金一順《キムイルスン》（在日本朝鮮民主女性同盟中央の前委員長）は当時を振り返りこう語る。

民族教育を実施するといっても、朝連時代からそのための手引書や参考資料があったわけではなく、教員たちは各学年の特性に合わせ、工夫を凝らして授業を進めた。例えば低学年では、教員が朝鮮の民話を話して聞かせた後、生徒たちに印象に残った場面を絵で描かせ、一枚ずつつなぎあわせ紙芝居のようにつくってまた読み聞かせたりした。これは国語の教材としてだけでなく、一人ひとりの生徒たちの絵心を育む上でも効果を持ったという。美術の教師だった金漢文《キムハンムン》は、授業のほかにも希望者を募り絵画や版画を指導し、その作品のひとつひとつから生徒たちの心理状態までを把握し、人間味のある先生として、とても親しまれていた。

授業のほかに朝鮮の踊りや歌を習得する時間が設けられていたが、昼は生徒たちが民族舞踊を習い、夜間には母親たちが学校に足を運び踊りの練習をした。

教員になったばかりの金一順は、一週間に一度、舞踊研究所に通い技量を身につけ、生徒や母親たちを対象に教えた。運動会や文芸発表会があるたびに、同胞たちの前で民族色豊かな踊りや歌を披露し、拍手喝采を浴びた。

今のように講堂などなく、二、三の教室の壁をはずして会場を設け、机をいくつも並べて舞台をつくり、その上で歌い踊り観客を喜ばせた。

年に一度の「文芸発表会」には生徒ばかりでなく、父母たちの演目も入っていて、この時代のウリハッキョをよく表している。発表会が近づくと学校には、民族舞踊や歌の練習に父母たちが足繁く集まってきた。

同胞にとって学校は地域の大切なコミュニティの場となり、そこで心血をそそぐ教員たちに対し親たちは家族のように接した。

学校に寝泊まりしていた独身男性の教員たちを自宅に呼んでは食事をごちそうした。また、遠方から通う若い女性教員が、か細い体で昼夜を問わず仕事に精を出す姿を見て、少しでも栄養をつけてあげようと、やぎの乳を搾りビンに詰め子供に持たせたというオモニ、ぞうきんや石鹸にいたるまで学校の備品をせっせと用意して持ってくるハㇽモニ（おばあさん）たちの姿が絶えなかった。財政的に苦しい学校の教職員を支えて学校を守ろうと、同胞たちはさまざまな形で協力を惜しまなかった。

「教育援助費と奨学金」

朝鮮学校の財政的窮状を察して、一九五七年四月八日、共和国から初めて「教育援助費と奨

조선민보
祖国으로부터 巨額의 教育費와 奬學金!
共和國赤十字會서 在日教育会에
日貨로 一億二千余萬圓
教育事業에 强化에 더욱 獻身하겠다
우리 子弟教育은 새로운 發展段階에
中央教育會常委서 感謝와 決意表明

▲…「教育援助費と奨学金」が送られてきたことを報じる『朝鮮民報』（1957. 4. 25）。

学金」が送られてきた。

その当時共和国は、一九五〇年六月から三年に及んだ祖国解放戦争（朝鮮戦争）による被害で全土が廃墟となり、一本の釘や一枚の瓦さえも節約しながら復興にあたる、とても困難な時期であった。

そんな状況にもかかわらず、国家予算を討議する内閣会議において、「在日同胞子女たちのための教育援助費と奨学金」という項目が設けられたのだった。

海外僑胞援護委員の名義で、共和国赤十字社を通じて送られてきた金額は、一億二、一〇九万九、〇八六円（英国通貨一二万ポンド）に及んだ。

これを受けて総聯中央本部では、四月二二日付声明を発表し「教育援助費は各学校の経常費に充てる、民団傘下や中立の学校にも送る、今後学校運営のための自立的な土台を構築する」などの内容について確認した。

これによって朝鮮学校は質量共に大きな発展の道をたどった。

わが校でも都立廃止後、地域同胞たちの間で賛助金を募り急場をしのいだとはいえ、学校設備はおろか教員たちの給料も滞っている状態だった。そのようなときに送られてきた「教育援助費と奨学金」である。教員室で第一報を聞いた教職員たちが、歓声を上げて喜んだのは言うまでもない。

学校事業が何とか軌道に乗るまでは家には戻らずに頑張っていた李孝根校長、学校運営のために日夜走り回っていた教育会会長、そして母親たちと共に石鹸をひとつひとつ売り歩き、たとえ一〇円、一〇〇円のお金でも得ることがどれだけ大変なことか、身をもって実感していた若い教員たちである。苦しい国家予算の一部を割いて救いの手を差し伸べてきた祖国という存在を、彼らは深い感動をもって受け止めた。教員たち皆が感激の涙を流した。

「教師がなかなか教室に入ってこないので、様子を見に来た生徒たちが、泣いている先生たちを見て、事実を知り、やはり泣いていました」

本校教師として赴任して二年目を迎えていた金琴順は、あの時の光景が鮮明に浮かぶと語った。

「教育援助費と奨学金」が送られてから、初級部では授業料がなくなり、「教育会費」という名目で各家庭の経済状況に応じた額を納めるようになり、中高級部では授業料が軽減されるようになった。また苦学している大学生たちには奨学金として支給された。

二〇〇一年四月現在までの送金は一四七回にわたり、合計金額は四四六億〇、三九六万三、〇〇〇円に及ぶ。

最初の援助費が送られた前年の一九五六年、東京都北区に朝鮮大学校が創立され（のちに小平市に移転）、初級部から大学校まで整然とした教育体系の下で、民族教育は新たな道を歩むこととなった。

全国各地で学校の数が増え、学生数も増加するにしたがって教員たちの需要が高くなっていったなか、教員養成の要求に応えることが朝鮮大学校の重要な教育目的のひとつであった。

朝鮮大学校は二年の短期制から始まったが、一九五八年には四年制大学に昇格し、同年六月には、祖国から送られてきた教育援助費を基金として、現在の場所に新校舎を建てるにいたったのである。

閑静な武蔵野に建てられた朝鮮大学校は、その後もつづいた妨害に屈することなく、長期的な展望をもって民族教育を発展させようとする、同胞たちの熱意の結晶だった。

六五年通達と「外国人学校法案」

朝鮮大学校は一九六六年四月に各種学校の認可申請を出すが、認可が下りたのは六八年四月のことだった。それは、前年の六七年に美濃部亮吉都知事の革新都政が誕生した結果もたらされたもので、当時、全国的に各種学校認可の運動を進めていた朝鮮学校にとって極めて大きな意味を持つものだった。わが校を含む東京都内の朝鮮学校は、都立廃止後の一九五五年に「財団法人朝鮮学園」として一括して認可を受けていたが、他の地域では必ずしもすんなりと認可が下りたわけではなかった。それは、一九四八年の通達で朝鮮学校の不認可を指示した国の姿勢がその後も変わらず、学校認可を司る都道府県に対し圧力となっていたためだった。

解放後、朝鮮人による民族教育開始後間もなくから一貫して取られてきた弾圧の姿勢は、とりわけ一九六五年の韓日条約締結を受けて出された文部次官通達(一九六五年一二月二八日付)「朝鮮人のみを収容する教育施設の取り扱いについて」によって完成され、現在に至るまで撤回されることなく、日本政府の基本姿勢として維持されている。

「朝鮮人としての民族性または国民性を涵養することを目的とする朝鮮人学校は、わが国の社会にとって、各種学校の地位を与える積極的意義を有するものとは認められないので、これを各種学校として認可すべきでない」とした六五年通達は、「朝鮮人を含めて一般にわが国に在住する外国人をもっぱら収容する教育施設の取り扱いについては、国際親善等の見地から、新しい制度を検討し、外国人学校の統一的取り扱いをはかりたい」と結ばれている。

これは、一読してわかるように、朝鮮人の民族教育の権利を一切認めず、朝鮮人を徹底的に敵視し、その教育に干渉することを政策化しようとするものであると同時に、翌年から修正を加えながら繰り返し国会に上程されることになる外国人学校法案の幕開けを示唆するものでもあった。

翌一九六六年四月、政府・自民党は早速、外国人学校制度の構想を明らかにし、要綱をまとめた。それは、文部大臣に教育中止命令、学校閉鎖命令を発しうる権限を与え、監督庁職員に学校立ち入り検査の権限を与えるなど、外国人学校、とりわけ朝鮮学校を管理統制する意図を明確に表現したものだった。この要綱の精神と細目が法文化されて六六、六七年に「学校教育法一部改正法案」が出され、六八年には「外国人学校法案」として国会に提出されたのである。「外国人に対する組織的な教育活動が」「わが国の利益と調和を保ちつつ発展することができるようにすること」を目的として掲げた同法案は、文部大臣に立ち入り検査権と教育中止命令発令権を与えることなど、前記「要綱」を反映した、管理統制のための法案で、外国人生徒の学ぶ権利をなんら保障しようとするものではなかった。

以後、七二年に七度目で廃案に追い込むまで、学校認可獲得運動と平行して「外国人学校法案」反対の運動が全国的に繰り広げられた。わが校の学生たちも、要請やデモに出かける親たちを見送りながら、毎日のように「外国人学校法案」に反対するハガキを、国会議長や首相、文部大臣らにせっせと書き送った。

ところで、日本政府の意図に反して、この時期、朝鮮学校に対する認可数が急激に延びている。一九五五年に一五校が認可されて以来、毎年数校が認可される程度だったが、六五年に一一校が認可されたのに次いで、六六年には三二校が認可されて最高数を記録し、翌六七年にも二八校が認可されている。そして六八年には前記朝鮮大学校の認可を獲得するのである。

これは、日本政府が朝鮮学校を、「反日教育」を行なう学校だと喧伝し、法律により管理統制しようとした時期に、むしろ日本国民の朝鮮学校に対する理解と支援の輪が広がったことを示している。

市町村レベルの補助開始

このように、六〇年代半ばをピークに七五年までに全国で一五一校が各種学校として認可され、五七年以来の共和国の教育援助費による財政的な援助を得て、自主的な民族教育の道を歩むことができるようになった朝鮮学校が、ふたたび深刻な財政難に直面するのは、オイルショック以後のことだった。

第八代の教育会会長である李容極《リヨングク》がその職に就いたのは一九七七年四月、オイルショック後、共和国からの教育援助費額が落ち込み、学校運営が年々厳しい状況に陥っていた時期のことである。

「それまでの学校運営は、共和国の教育援助費で基本的にまかなわれていました。父母からの授業料はさほどあてにせずに、教師の給料も出し、学校の備品も揃えることができたんです。ところが、私が教育会に入った頃はちょうど、同胞や父母から賛助金を集めなければやっていけない状態になっていたので、自分たちの力で学校運営をしていかなければならないのだという意識転換を、まずやらなければならない状態だったんです」

在任中の一九八〇年、大田区が東京朝鮮第六初中級学校に対し、児童生徒等保護者補助金の支給を決定し、区市町村レベルによる助成の道が開かれたのを知った李は、早速、西東京でも各市による助成の道を模索する。そして一九八六年四月、ついに日野市が補助を決定、続いて翌年、国立市でも補助が実現する。

以後一九九七年までに西東京二七市中、一七市で補助金が支給されるようになった。この過程で中心的に動いた人が第一一代教育会会長の李柱徳《リジュドク》である。一七市のほとんどは李の在任中に補助金実施に踏み切っている。

行政単位が細かく区分される西東京地域の補助金獲得運動は、ほかにない困難を抱えていた。他の学校ではほとんどの場合、一つないし二、三の役所に集中的に交渉すればいいが、本校は在学生の居住地が広域にわたっており、しかも各市町村の財政は東京二三区に比べても小規模であるため、時間をかけて足を棒にして各役所を回っても、得られる補助金はごくわずかという結果が待っていたのである。

しかし、九〇年代に入ると学校の運営状態はますます悪化し、保護者と地域同胞の寄付だけで維持してきたそれまでの方式では立ちゆかない状態に陥った。この状況を抜本的に解決するには、管理統制を目的とする外国人学校法ではない、少数者の子供が自らの出自について学ぶ権利を保障するための法律を制定し、在日朝鮮人と朝鮮学校の歴史的経緯に対して責任を負う日本政府自らが、その責任を取ることが望まれる。六五年通達を撤回しないならば、「国際親善等の見地から、新しい制度を検討し、外国人学校の統一的取り扱いをはかりたい」とした文言を、真に国際化時代に見合った形で新ためて具体化するべき時が来ていると言えよう。

わが校の学校名と校舎の変遷

西東京朝鮮第一初中級学校の直接の出発点は一九四六年に開設された「立川朝連初等学院」である。

一九四八年四月、府中、調布（槿花）、二宮、西多摩（福生）、武蔵野（三鷹）、八王子の各朝連学院を、立川の学院に統合し「三多摩朝連初等学院」として発足した。生徒数は一二〇名だった。

一九四九年、現在の本校の位置に敷地面積一、三一八坪、建坪一四〇坪、七つの教室を有した校舎が完成した。

一九四九年一〇月「朝鮮人学校閉鎖令」が下り朝連初等学院が閉鎖され、その年の一二月から「東京都立第一一朝鮮人学校」の名前で、名目上日本学校の資格で運営されることとなる。生徒数はやや減少するが、その後、建前は「日本学校」であっても、実際は以前の朝連学校と変わらないと知った同胞たちが子供たちを次々に通わせ、生徒数は着実に伸びてゆく。この点が朝連解散と共に生徒数が激減した阪神地区などの地域と違う点のようだ。

一九五五年三月三一日の日本政府による「都立学校」廃止と、総聯結成前夜の同胞たちの主体的な意識向上で、四月から「東京朝鮮第一一初級学校」として自主運営の道を歩み始める。学校法人として認可された「東京朝鮮学園」の「各種学校」という資格で。

一九五七年四月一日、初級部校舎の北側に中級部「東京多摩朝鮮中級学校」を併設させることによって、それまで遠距離通学で東京朝鮮中高級学校まで通っていた中学生や日本学校に転出していた生徒たちが戻ってきた。また、中級部のない東京朝鮮第九初級学校や、三多摩朝鮮第二初級学校の生徒たちも学区により本校に進学してきた。従って生徒数は急激に増え、一九六〇年に四〇〇人、一九六三年には五二一人、一九六七年に学校史上最高数五四九人を記録している。これは「日韓安保条約」締結から二年目のことで、在日同胞の民族的権利や生活権を放棄し日本人への同化を密約した、当時の韓国政府への反発とも受け取れる。

一九六一年四月、「東京朝鮮第一一初級学校」と「多摩朝鮮中級学校」を統合し「三多摩朝鮮第一初中級学校」に改称、運動場南側に中級部の二階建て校舎を新築した。

さらに一九六六年七月、初級部校舎を南に向かって増築した。

一九七六年度には、校舎の老朽化と学生増加に伴い広い校舎が必要となり、朝鮮大学校の第二運動場に新校舎を建設するための建設委員会が設けられ、翌一九七七年二月、東京都に学校建設許可願いを出した。しかし右翼団体を中心に建設反対の宣伝がくり返され、一部住民によって反対陳情が出された。同地区には大学と小学校もあり、朝鮮学校の移転を反対する理由は何もなかった。反対陳情は明らかな民族差別によるものであったが、同年一二月、小平市議会で同陳情は与党によって強行採択された。こうしてわが校の移転計画は頓挫した。

しかし、天井から木屑が落ちてきたり床がたわむなど、そのままでは生徒の安全にも支障をきたす状況であったため、もとの場所に新しい校舎を建てることにした。当時はバブル景気の影響で、費用が高騰し、必要な建設費が思うように集まらなかった。こうしたなかで、すでに中堅となった草創期の卒業生や社会人となったOBたちの寄付や、在校生たちのお小遣いが、新校舎建設のためのカンパとして多く寄せられた。

こうして一九八三年七月一五日に起工式、一九八四年四月一日には新校舎竣工式を迎え、全面タイル張りの瀟洒な校舎がお目見えする。

学校を覆ったこのタイルは、「学校建設委員会」の委員長であった全演植《チョンヨンシク》が自ら選んだものだ。常に学校への深い愛情を示してきた全演植とは、「さくらグループ」の初代会長である。彼は一九六一年の最初の校舎建て替え時から始まり、現校舎の建設に至る三回の増築・新築事業をとおして建設委員会委員長として尽力したのだった。

新校舎の完成は、学校建て替えの話が持ち上がってからすでに八年の歳月が流れていた。しかし皮肉にもこの翌年から生徒数は四〇〇人を割り込み、以降は毎年生徒数が減少し、一九九八年からは三〇〇人をも割り込むに至った。生徒数の減少の要因は少子化の影響などの自然的要因、価値観の多様化による社会的要因とともに、公立ではただ同然の教育費が父母たちの生活を圧迫しているからという経済的要因が最も深刻だ。

一九八三年一二月には中級部一一～二一期卒業生たちが新校舎竣工記念のテレビ放送設備を設置し、一九八五年九月には教育の多様化と時代の要求に答えるべくコンピューター室が設けられた。

一九八九年四月一日、三多摩第二と共に「たまいち」、「たまに」の愛称で親しまれてきた馴染み深い「三多摩」の名に別れを告げ、「西東京朝鮮第一初中級学校」の名前で再出発する。

日本の行政機関などですでに廃止した南多摩郡、北多摩郡と、ただひとつ残っている西多摩郡を統括する三多摩という名称を排し、総聯本部もすでに「西東京本部」に改めていたので歩調を合わせたのだった。「東京」という名前への憧れもあってか在校生には中々評判が良かったようだ。一方で卒業生からは寂しいとの声があったことはいうまでもない。こうして在校生、教師、父母、卒業生ともに「三多摩、じゃなくて西東京」と慌てて言い直す場面がしばらく続くがやがて定着した。

▲…最初の校舎。1958年に撮られたもの。

▼…1957年4月に併設された中級部校舎（左側の2階建て校舎）。

▼…1961年7月に建てられた中級部校舎。

▼…1966年7月に増築された初級部校舎。

▼…1984年4月に完成した現在の校舎。

3

学校生活

一、生徒たちの学校生活

サッカーで日本一の名を馳せる

「ヒチョン」（一九五〇年代後半、共和国での社会主義建設の真っ只中、疾風のごときスピードで生産能力を発揮した工作機械工場の名前）、この名前は一九七三年三月二五日、わが校の中級部のサッカー部が「第一回読売少年サッカー大会」（読売新聞社主催）に出場したときのチーム名だ。

当時校長をしていた権載玉は、偶然新聞に掲載されている参加チーム募集欄の記事を見つけた。前年度に朝鮮大学校を卒業し体育教師として赴任した、金仁哲《キムインチョル》がサッカー部を指導するようになって、本格的なトレーニングが始まり、質量ともに成長を見せはじめていた時期でもあった。校長は生徒たちの力を試し、今後の経験にもつながる機会になればという思いから、金仁哲に相談した上で応募したのだった。大会は三月に予定されていた。卒業を目前にひかえた三年生にとっても、勝敗にかかわらず大きな檜舞台を経験することで、中学時代の忘れ得ぬ思い出になるだろうと、教師たちは思った。

それを受けて、キャプテンである金益祚《キムイクチョ》をはじめとする選手たちが、一丸となって振るい立ったのだ。

三学期に入ると二度にわたり強化合宿が行なわれ、試合に対処した実践的なトレーニングが積み重ねられた。

▲…「ヒチョン」のメンバー

当時、三年生が少ない中で主力となっていた二年生の中には、並外れた俊足の持ち主、極端に背が高かったり体格が良い選手、そして何よりサッカーセンスに恵まれた選手などが顔を揃えていた。突出した選手たちの潜在能力を十分に引き出し、それを組織プレーへとつなげられるかどうかは、監督の采配にかかっていた。そして教師との信頼関係のもとで、選手たちは一日たりとも練習を怠らなかった。個々のスキルアップが、チーム全体の向上をはかるための課題であったのだ。

愛する生徒たちが学校の名誉をかけて、国内の強豪たちが集まる大会に出場するというので、父母たちは自発的に資金を調達して、真新しいユニフォームとボールを揃えてあげた。当時の同胞たちの暮らしは決して裕福と言えるものではなかった。各家庭が平均して二、三人の子供を学校に通わせるなか、教育費が家計を圧迫している状況にあったが、日本の生徒に引けを取らない立派な姿で大会に臨んでほしいという願いが込められていたのだ。

校長をはじめとする全校の教員や生徒、そして多くの同胞たちの期待を一身に背負い、熱い声援を受けたわが校のイレブンが三月二五日、読売ランドのグラウンドに立った。三日間にわたり、決勝までの六試合を善戦した。そして並みいる強豪チームを相手に、無敵の強さを見せつけ初の栄冠を手にしたのだった。

翌年から二年連続して立川市民大会で優勝するなど、しばらくの間、全盛期が続いた。二〇余年後の一九九七年と九八年の六月、全国にある一五〇余りの朝鮮初級学校の一大イベントである、サッカー中央大会において、わが校は見事二連覇の快挙を成し遂げた。

そして立川市民大会においても近年、優勝争いからはずれることはない。現在は「スンリ」（朝鮮語で勝利の意味）というチーム名でエントリーしている。

二七年前、全国に名を馳せた「ヒチョン」の不屈の精神が、時が過ぎ時代が変わろうとも、次の新しい世代の中にしっかりと息づいているのだろう。

インターハイへの夢、果たす

「朝鮮高級学校、サッカー大阪代表に」（『朝日新聞』一九九九年六月七日付一面）。

この記事は、二年前の八月に岩手県で開催された、全国高校総体の代表を決める大阪高校春季サッカー大会の決勝リーグで、大阪朝鮮高級学校が初優勝したことを知らせるものだ。

この事実を知って、多くの在日同胞が「悲願の達成」を果たしたと歓喜した。

文部省が定めた学校教育法の「各種学校」にあたるという理由から、朝鮮学校は長らく全国大会への出場を閉ざされていた。

一九九〇年、同校の女子バレーボール部が大阪府高体連主催の大会への参加を一度は認められながら、「非加盟校」ということが分かり途中で辞退を求められた。これをきっかけに、朝鮮学校への差別の実態がおおやけになり、「日本に住むいろいろな人々が参加する競技の機会をつくるべき」という世論が起こるようになった。

このような追い風を受けて、全国各地の在日同胞たちの間で、朝鮮学校の高体連加盟を求める運動が盛んになっていった。東京、神奈川、兵庫、福岡など全国に一二校ある朝鮮高級学校が相次いで加盟申請を済ませ、ことに要求運動が盛り上がった大阪と広島では、地域レベルではあるが、公式戦参加の権利を取得したのだった。

そして一九九一年には、日本高野連が外国人学校の大会参加を認め、九四年からは全国高校体育連盟が高校総体の門戸を開くようになり、九六年には全国高校サッカー選手権への参加の道も開けた。

これを受けて、一九九四年に初めて東京、大阪、神戸の朝鮮高校ボクシング部の選手が、インターハイに参加したのである。これは、民族教育の長い歴史において、画期的なできごとだった。そして、三人の選手が銅メダルに輝いた。そのうちの一人で、ライト級に出場した東京朝高ボクシング部主将の安秀英《アンスヨン》選手は、わが校の卒業生である。彼が準決勝で対戦した千葉県流山高校の選手はこの大会で優勝したのだが、安君との試合を振り返って、自分が負けたと思ったとコメントしたくらい、安君は善戦し、注目されたのだった。

各地の朝高ボクシング部は、それから毎年のようにインターハイ出場の切符を手にし、善戦してきたのだ。そしてついに、インターハイ初出場から八年目の今年（二〇〇一年）八月、大阪朝高崔日領《チェイルリョン》選手（三年）がミドル級において、みごと金メダルを手にしたのだ。東京朝高と神戸朝高からも、過去最多の一六選手が参加し、各級で銀メダル一、銅メダル二個を獲得し、朝鮮高級学校の実力をアピールしたのだった。

朝鮮学校に初めて金をもたらしたのは、一九九九年、重量挙げ九四キロ級の朴徳貴《パクトクキ》選手であ

安秀英（アンスヨン）

1976年生まれ。第34期生。

朝鮮学校にとってインターハイ元年だった1994年夏。ライト級に出場した安秀英君は、東京朝高ボクシング部主将として、部員らとともに会場のある富山県の高岡に降り立った。

当時“幻の強豪”と言われていた朝高ボクシング部は、同胞の熱い期待だけでなく、マスコミの注目も一身に集めていた。相当なプレッシャーだっただろう。「いえ、みんな図太いヤツラばっかりで、さっさと優勝して帰るんだ、くらいの意気込みでした」と安君はあっさり。実際、初出場で初優勝かとも囁かれていた彼らである。それまで公式試合には出られなかったが、交流試合などでベスト8校と対戦し、そういう実感を得ていたのだ。結果は総合6位。銅メダル3つ。それでも大変な成績なのだが、安君の脳裏に悔しさがよみがえる。

準決勝は熱戦だった。安君は正確なパンチを繰り出し、試合は安君が優勢と思えた。しかし、相手選手は手数が多く、審判員に積極的な印象を与えたのだろう。二対三の判定で安君は敗れた。

安君の善戦は多数の新聞、雑誌を賑わした。一部では差別判定ではなかったかとまで書かれた。「差別判定？　いえ、やっぱり力が及ばなかっただけですよ。いい経験でした」

また彼は主将であり注目の的だったにもかかわらず「僕よりボクシングセンスの良い同級生はいました」とあくまで謙虚だ。

好成績を挙げることができたのは、あえて言うなら「精神面」だと語る。彼はけっこう我慢強い性格なのだそうだ。

ボクシングを始めた動機は人と違うことをやりたがる性格のせいだとか。中学まではサッカー一筋だったが、朝高で人気はあってもサッカーよりマイナーなボクシングで勝負しようと思ったという。

安君の最初で最後のインターハイは、後輩たちに強烈な印象を残した。その後ボクシング部はインターハイで、毎年好成績をあげている。

る。北海道朝鮮高級学校の朴選手はこのとき二年生で、翌年も他校選手をまったく寄せ付けず、二年連続で金メダルを手にした。

前述したサッカーでは、一九九九年のインターハイに大阪府の代表として参加を果たした大阪朝高の快挙は、特記すべきものとなった。

団体競技で、初めての全国大会出場を決めたこの大阪朝高は、二〇〇一年正月の全国高校サッカー選手権でも出場切符を手にし、多くの在日同胞たちの熱い声援を受けて、威風堂々とプレーに臨んだ。

今年のインターハイに初出場した広島朝高と大阪朝高、いずれもサッカーの部門では、善戦及ばず一回戦突破をいまだ果たしていないが、そう遠くない将来、各地の朝高イレブンが全国に名をとどろかせ、日本列島を席捲する日が来るだろうと、同胞たちは思いを募らせていることだろう。

現在朝鮮籍、韓国籍の在日同胞のサッカー愛好家らで、二〇年前に結成された高麗サッカークラブというチームがある。ここには、かつて一九七〇年代、並みいる強豪を相手に無敗の強さを誇り、「幻の日本一」と呼ばれながらも、外国人学校ということで公式戦には一切参加できなかった東京朝鮮高級学校のOBらが集う。彼らは、今年七月、「日本スポーツマスターズ」の東京都の予選を突破し、全国大会への出場を決める関東地区予選に臨んだ。平均年齢四五歳

黄秀一（ファンスイル）

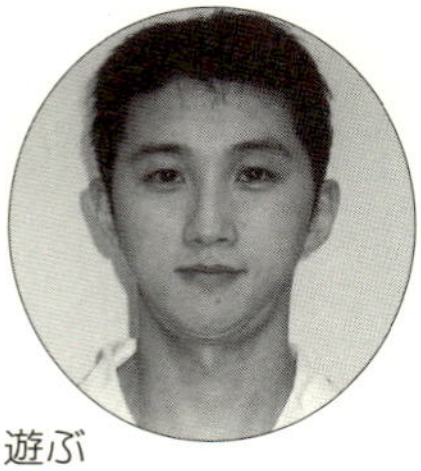

1970年、東京生まれ。第28期生。
1992年 第8回世界テコンドー選手権大会で、在日朝鮮人初の優勝者となる。現在テコンドー4段、日本国際テコンドー協会（JITF）の師範を務める。

「学生時代はとにかく学校が好きで、友達と遊ぶのが楽しくてしょうがなかった」と話す黄秀一さん。初級部から大学まで、一貫して民族教育を受けてきた。彼が歩んできた道は同時に、朝鮮固有の武道であるテコンドーの修練の過程でもあった。

草創期から少年道場に通い（12歳の時）、朝鮮高級学校時代には初めてテコンドー同好会を旗揚げした。

大学に進学してからも、クラブ活動と道場通いを並行した。厳しい稽古にも、持ち前の意志の強さで耐えてきた。

彼は朝鮮大学校4年の時、平壌で開催された世界大会に出場し、組手ライト級優勝という快挙を遂げた。日本では前人未踏の制覇だった。

「もっと技を磨きたい、自分自身の可能性を試したい」

そんな思いを秘めて翌年の9月、単身海外へ修行の旅に出た。彼が選んだ国は、テコンドーの創始者が住み、世界の強豪が集まるカナダであった。

外国での修練のさなか、下宿先の主人や行く先々で出会う人々が、皆一様に彼の生い立ちを聞いて驚いたそうだ。在日朝鮮人3世でありながら流暢な朝鮮語を話し、祖国の文化や歴史を知り、何より根底に民族心が宿るその姿に、敬意さえ表したという。

この時、日本という外国で朝鮮人として育った自分の内面を、初めて客観的に見つめることができたと言う黄秀一さん。

民族教育を受け、さらにテコンドーを続けてきたから、今の自分がいるのだと彼は実感する。

「より一層努力して自分自身を向上させ、在日として生きる以上、多くの人々が目指してくれるような人間になりたい」

こう熱く語る黄秀一さんの瞳は、少年のように輝いていた。

になる彼らにとっては、いわば夢にまで見た「初めての晴れ舞台」となったであろう。結果は惜敗したものの、国籍を問わないこの大会は、彼らにとって過去の悔しさをぶつける場となったはずだ。

そして三〇年の歳月を経た現在、今度はその息子たちが確かな夢に向かって活躍している姿に、どのようなエールを送っているのだろうか。

九六年春、東京都代表の座を争って帝京高校に惜敗した東京朝高のサッカー部、三年前の大阪朝高のラグビー部、そして一昨年兵庫県予選の決勝まで進んだ神戸朝高イレブン、さらには全国大会を目指すべての朝鮮学校生徒たちの健闘ぶりには近年、目を見張るものがある。

民族教育の歴史の中で、見果てぬ夢となっていた全国大会への道が今、現実のものとして切り開かれている。

日本政府があくまで朝鮮学校を正規の学校として認めず、あらゆる差別待遇をはかる一方で、多くの日本の人々が示す、民族教育に対する深い理解と支援を受けながら、一条校に準じた扱いを求める在日同胞の運動が勝ちとった結果である。

民族器楽部の活躍

朝鮮学校では、放課後のクラブ活動として、サッカーやバスケットボールなどの運動部のほかに、民族舞踊や民族器楽部などの文化的なサークルも盛んだ。日本にいる朝鮮人学生たちが民族固有の楽器に親しむようになったのは、一九七〇年代に入ってからだ。全国各地にある朝鮮学校に少しずつではあるが、祖国から民族楽器が送られてくるようになった。

わが校にもその頃いくつかの楽器があったのだが、生徒たちに教える術がなくしばらくは利用されず、「祖国からの贈り物」として貴重品扱いされ陳列されていた。

音楽を通して民族文化に触れる、せっかくの機会を無駄にしてはいけないという思いから、七五年当時少年団指導教員であった尹太柄《ユンテビョン》が一念発起し、希望者を募り民族器楽部を発足したのだった。当初先生の呼びかけに応じたのは、女生徒ばかりだったが、彼女たちは初めて触れる民族の音色に魅了され、来る日も来る日も練習に励んだ。尹は吹奏楽を経験しているだけで、民族楽器は生徒たちと同じように初めての経験だ。初めの頃は、思い思いに楽器を扱うだけでいかにしてスキルアップをすればよいのか、それが部の難題となっていた。

同じ多摩地域である小平市に、在日朝鮮人によって創立された唯一の歌劇団である「金剛山

▲…民族器楽部。

歌劇団」がある。器楽部の団員である安永善《アンヨンソン》、黄康成《ファンガンソン》、河俊弘《ハジュノン》らが生徒たちの楽器に対する愛着心と練習にかける熱意に打たれ、わが校をたびたび訪れ技術指導をしてくれたのだった。

このような過程を経て発足した年の秋には、全国の朝鮮学校が参加する中央芸術競演大会に出場し、カヤグム、ヤングム、大《テ》ヘグム、中《チュン》ヘグム、小《ソ》ヘグムによる重奏部門で初出場にして準優勝となった。

その後は部員の数も増え、技術の面でも着実に向上していった民族器楽部は、一九八一年からは、合奏の部にもエントリーするようになった。

その頃には男子部員も徐々に増え、彼らがピリ、チャンセナプなどの管楽器を受け持つようになっていた。

草創期の尹から李光男《リグァンナム》、そして洪慶姫《ホンギョンヒ》へとバトンが移っていった八二年から八九年までの七年間、民族器楽部は競演大会の合奏の部で連続して金賞を受賞し、無敗の実力を誇っていた。

朝鮮学校の間で活躍するだけでなく、調布市まつり、昭島ま

田月仙（チョンウォルソン）

オペラ歌手、二期会会員。第15期生。

1983年の楽壇デビュー以来数々のオペラで主役を演じ、歌って踊って芝居のできるソリストとして注目を浴びる。1985年、ピョンヤンで開かれた「世界音楽祭」に出演、1994年、ソウルのオペラハウスで「カルメン」の主役を務め、在日コリアンとして初めて南北の両舞台を踏んだ歌手として話題を呼んだ。

1997年にはリサイタル「薔薇物語」で、外国人として初めて文化庁芸術祭音楽部門参加を果たした。2001年9月、ソウルでオペラ「春香伝」の主役として絶賛を浴び、テレビでサクセスストーリーが放映されるほど、韓国でも人気の歌手になっている。

父・田石萬氏は立川朝連初等学院の教員をしたことのある人物で、後に三多摩商工会会長として学校を経済的にも支えた。

田さんは小中学校の頃は「学校大好き少女」で、学校で習う朝鮮語、知識、歌、踊りを並外れた集中力と才能で吸収していった。音楽の時間には担任の傍らでオルガン伴奏をし、昼休みには彼女のタクトで重唱する女生徒の声が鳴り響いた。彼女はクラスでいつも注目の的だった。

民族教育を受けなかったら今の自分はないと断言する田さんは、祖国南北での公演の成功や、今までの活躍、そのすべての根底に朝鮮学校で習った言葉や歌や舞踊、そして民族への誇りがあると語る。

朝鮮籍の彼女はイタリア留学断念という辛い経験もしている。また、南北両舞台での成功は同時に南北両方面からの反発も買い、祖国分断の悲しみを何度も痛感した。しかし、芸術に北も南も、そして国境もないと信じ乗り越えてきた。

その思いを歌曲「高麗山河わが愛」に込めて歌いつづけ、祖国南北、日本のみならずアメリカをはじめとする世界各地で人々に感動を与えた。「分断の悲劇の生き証人としてこの思いを世に伝え、南北の統一と世界平和に役立つ歌をこれからも歌い続けていきたい」と、田さんは声を弾ませた。

つりなどに呼ばれ演奏を披露し、多摩地域の日本の人たちに喜ばれている。

また毎年三月に開催されていた、立川市中学連合音楽会にも、第五回目から招待されるようになり、多くの聴衆たちの前で民族情緒あふれる音色を奏でることによって、民族文化を広く伝え民族教育の正当性もアピールするのだった。

「朝鮮の民族楽器を大切にしなければならないという気持ちが、生徒たちの根底に代々受け継がれているから、このような伝統を築くことができたのでしょうね」と、七九年から八六年度まで指導していた李光男は語る。

「片手に本、もう片手にはぞうきんを！」

本校生徒たちの学校生活の中で特筆すべき点のひとつに校舎への愛情を挙げられる。学校建設のいきさつでも分かるように、校舎はまさに同胞、生徒たちの情念と汗と涙の結晶だった。草創期の親や子供たちが学校へ注いだ愛情はそのまま後進にも受け継がれ、生徒たちは校舎をこよなく愛し、美しく維持することに努めた。

学校美化の取り組みは五五年史のあらゆる場面で見受けられるが、特に盛んだったのが一九六〇年代だった。

▲…床磨きに余念がない。

「片手に本、もう片手にはぞうきんを！」これは一九六一年七月、中級部の二階建て校舎を建てて以来のスローガンだった。学業の振興のためにもまず学習環境を整えようと、一九六二年度から校長になった韓《ハン》浩権《ホグオン》は、自らが校内清掃の先頭に立った。韓は紳士の呼び声も高い温厚で実直な校長で、いつも生徒たちと共にあって学校美化の先鞭をつけた。それを一九六三年に九州朝鮮高級学校から移って来た権載玉教務主任が、生徒たち自身の運動へと盛り上げていった。「床磨き一万回運動」を繰り広げ布袋に糠を詰めた糠ぞうきんで清掃時間はもちろん休憩時間や早朝・放課後に床を磨き、あげくは授業中までも足の下においた糠袋で自分の足元を磨いた。

学業振興のための学校美化もこうなると本末転倒の感があるが、少年時代には何事につけとかく熱中しすぎるということはよくあるものではないだろうか。トイレも裸足になって水を撒き、デッキブラシでこすった。

その結果床はいつでもピカピカ、覗き込めば顔が映るほどだったし、トイレも清潔そのもので女子生徒たちは休憩時間のたびにトイレに駆け込み井戸端会議に花を咲かせた。トイレは女子生徒たちの「憩いの場」（？）でもあったのだ。

学校美化運動の取り組みは全国に知れ渡り、一九六三年度の全国朝鮮学校各都道府県本部教育部長及び校長会議で、教務主任がその経験談を披露し、翌日おのおの地域でも経験を生かそうと見学に訪れた数十人の教育関係者たちを迎えた。訪問者たちは口々に感嘆の声を上げ「まさに日本のヤクス（薬水）中学校だ」と賛辞を惜しまなかった。

ヤクス中学校は朝鮮民主主義人民共和国平安南《ピョンアンナム》道《ド》昌城郡《チャンソングン》薬水谷《ヤクスゴル》という深い山間にある学校で、日本では学校美化運動の模範校として知られていた。来訪者が落としそうになった鉛筆の削りかすをとっさに手のひらで受けた生徒の話や、十数年使った机に傷ひとつないなどのエピソードが、その代表的なものだった。

しかし、そもそもヤクス高等中学校がある昌城郡は流通のひどく悪い僻地で、解放後の振興事業の一環として重点指導対象となった結果、山を利用した果樹生産や山菜栽培など山林資源の拡充を図り成功を収め、僻地活性化事業のモデル地域としてもてはやされたところだ。ヤクス中学校はその看板校だったのだ。学校は五〇〇〇本の果樹や花が香りたつ公園のような環境に整備され、全校生が成績優秀でひとつ以上の楽器をたしなみスポーツにも親しむ、教育モデル校として脚光を浴びた。

梁　順（リャンスン　Sonia Ryang）

米国ジョンズホプキンス大学、文化人類学助教授。第17期生。

世界一と言われる医学部をもつ米国のジョンズホプキンス大学。梁さんはそこで文化人類学を教えている。

彼女は、たまたまやりたいことが「在日」の社会に見出せなかったので外国生活を選んだが、やはり自分を「在日」と位置付けている。

また、民族教育を「真面目」に受けたからこそ今の自分があると言う。たしかに彼女は誰よりも「真面目」に、つまり誰よりも熱心な勉強家だったというのが、クラスメイトの間のいわば「常識」だった。中級部の「夏休みには、遊ばないで、寺ごもりして勉強してたくらい」だという。負けず嫌いな性格もあるが、子供のころから目標を高く定め、自分を磨くことを怠らなかったのだ。当然成績はトップである。

梁さんは本校卒業後東京朝鮮中高級学校の高級部を経て、朝鮮大学校の外国語学部に進学。1982年に朝大卒業後、朝鮮新報社に入社するが、3年後、イギリスへと飛び出した。彼女は次の目標を国際社会に見出し、研究者としての道を歩み出したのである。持ち前の頑張りとでも言おうか、高く定めた目標を、彼女は次々に達成していった。

その後の華々しい経歴は次のとおり。1988年、イギリスヨーク大学政治学修士号取得。英国ニューカッスル大学講師。1989年、オーストラリア、アデレード大学アジア研究科講師。1991年、英国ケンブリッジ大学大学院、修士号取得。1992年、東京大学大学院文化人類学研究室研究生。1995年ケンブリッジ大学博士号取得。オーストラリア国立大学アジア太平洋研究所、文化人類学研究員。1997年から米国ジョンズホプキンス大学、文化人類学助教授。

「朝大を出てよくケンブリッジで学位が取れたね」と言われることが多い。その度に彼女はこう答える。「朝大を出たからこそケンブリッジで学位が取れたの」と。民族教育への彼女の自負である。

本校が「日本のヤックス中学校」と言われたゆえんも校舎を美しく保っていたからにほかならないが、東京ではあるものの郊外に位置し、まだまだ自然の多く残る地域で、互いに助け合いながら肉体労働にいそしむ親たちの姿を見て育つ生徒たちは、素朴で純粋だった。

学校のため、親や教師のため、自分たちの大切な学校生活のためにと勉学、スポーツ、芸術とあらゆる分野で活躍し全国に名を馳せたという点では、はからずも本来の意味でのヤックス中学校と共通しているのだろうか。中学生のための情報雑誌『朝鮮中学生』創刊号（一九六七年五月創刊）には「模範紹介」として、母国語学習に励み学力を向上させた本校生徒の記事が掲載されている。その後も折に触れ本校の美化運動や生徒会活動の記事が誌面を飾り、『朝鮮中学生』編集部に「苦しい時の西東京第一頼み」と言われたほど、生徒会活動やクラス活動が活発で模範紹介や話題提供には事欠かなかったようだ。

生徒たちが精魂込めて磨き上げた学校も時の流れには逆らえず、都内唯一の木造の朝鮮学校と呼ばれて久しくなっていた一九八四年、旧校舎を解体し現在の鉄筋三階建ての新校舎を建てた。

生徒たちの校舎に対する愛情は今も昔も変わらない。一九九六年、学校父母や同胞たちの寄進による大規模な補修事業が行なわれた際、作業に当たった業者たちは「校舎のどこを探しても落書きひとつ見当たらない」と驚きを表していた。

校舎に注ぐ愛情は親たちも同様で補修計画や設計、見積りから寄進の呼びかけまで、本校卒業生や保護者である建築士が手弁当で当たっているし、毎年卒業を控えた中学三年生と父母や、卒業生たちによる清掃作業も行なわれている。また地域の同胞青年たちは学校の整備補修を自分たちの活動の主な内容のひとつにしている。

日本学校との交流

近年日本の国際化が進む中、全国各地で朝鮮学校と日本学校との交流が盛んに繰り広げられている。一九九二年に大阪で開催された「朝・日学生友好祭」と題する朝・日両校の生徒たちによる文化的な交流、また一九八四年から一貫して続いている群馬県の朝鮮学校と日本学校の教師たちによる「民族教育を考える日」という集会をはじめ、各学校を訪問する教師間の交流など、その形態はそれぞれの地域ごとで多様化している。つい最近のところでは一九九九年の二月、東京朝鮮第五初中級学校と隅田区立両国小学校との合同歴史授業が実現し、両校の生徒たちが朝鮮と日本の歴史を認識する上で一助となったという事例があった。

西東京朝鮮第一初中級学校でも一五年余り前から、近隣の日本学校との交流が継続的に進められている。

なかでも国立市立第三中学校との関わりは深い。

一九八六年から一年に幾度となく教師たちがわが校を訪れ授業を参観し、生徒たちの姿を見てぜひ生徒間の交流を実現したいと提案されたのだった。その交流の内容として、まずは両校の生徒会の代表による懇談会が催された。その過程で、日本に住みながらも自国の言葉を話し文化を学ぶ朝鮮学校の生徒たちの姿は、国立三中の生徒たちに少なからず驚きを与えたが、同時に朝鮮学校の学生が決して異質の存在ではなく、自分たちと同じ感性を持つ同世代としての親近感を持つようになっていった。

「朝鮮学校との交流は、生徒たちが自発的に校風を正す意志を持つきっかけとなった。そして彼ら自身が学校の文化祭をはじめとする、学校の行事を成功させようと、熱心に取り組むようになった」と、当時の生徒会指導を担当していた同校教諭の斎藤洋子は語る。

「初めて朝鮮学校を案内してもらった時、気軽に声をかけてくれる生徒さんや学校の雰囲気がとても明るくて楽しそうでした。誰もが親しみやすく感じる学校だと思います」（柿崎彩子）、「交流会はみんな和気あいあいとして、また会いたいと感じました。また日本と朝鮮との歴史的な関係など学び、とても中身のある交流会になったと思います」（藤岡華子）などと、交流に参加した生徒たちが感想を書いた。

わが校と隣接する立川市立第三中学校との交流も盛んである。

毎年一一月に行なわれる「学芸発表会ステージの部」の中で、友情出演として民族楽器演奏と民族舞踊を披露している。朝鮮学校には、サッカーやバスケットなどの運動部のほかに、初級部（四年から）と中級部にそれぞれ、朝鮮固有の楽器や踊りに親しむクラブがある。このようなクラブ活動に参加している生徒たちが相手校で公演を披露すると、多くの日本学校の生徒たちはそのレベルの高さにとても驚くという話をよく耳にする。

この学芸発表会に先立って、両校の生徒会の代表が（一〇名ほど）お互いの学校を訪問し懇談会、討論会の形式で率直な意見を交わしている。

中でも一九九六年度の交流は両校にとって、とても意義深いものとなった。

二学期に入りまず、朝鮮学校と三中の生徒たちの間で意識調査アンケートが実施された。その内容は、お互いの学校に対するイメージ、授業の様子、日本学校では朝鮮という国に対してどのように教えられているのか、どのようなクラブ活動があるのかなど。

初めてのアンケートの結果は、互いに四〇％の生徒たちが「とくに交流を望んでいない」というシビアなものであった。しかし、この結果を冷静に受け止めた上で行なわれた懇談会では、同じ世代として互いの胸中にわだかまる疑問点を率直にぶつけ合い、様々な角度から活発な意見が交わされた。この姿は、両校が目的とする「互いにうわべを繕うことのない、ゼロからの再出発」を期するものとなった。

翌年、同じようにアンケートをとると、今度は八四％の生徒たちが「積極的に交流を望んでいる」という結果が出た。

両校の交流の中でも興味深いエピソードがある。

「日本に住みながら、なぜ朝鮮学校へ通うのか？」という三中側の質問に対し、「自分の民族を誇りに思い、民族のことをもっと知りたいため」という朝鮮学校生徒の答えを聞いた三中の生徒たちの反応は、予想以上のものだった。

「日本人であることを当然のように受け止めていた自分たちと比べ、朝鮮学校の生徒たちの民族意識がいかに高いかということを、彼らはこの時初めて認識した」

以前、生徒会指導主任をしていた紺谷洋一教諭は、当時のことを振り返りこう語る。

中級部だけでなく、初級部の生徒たちの間でも立川市内の小学校との交流が断続的ではあるが、進められている。

立川市において国際理解教育の研究指定校となっている柏小学校とは、主に四年生を対象に一九九四年から交流が始まった。生徒間の交流に先立って、両校の教師たちが事前に話し合い、「将来をになう子供たちが、国際的な感覚で近くの国の人たちと、仲良く協力し合えるように」というお互いの意思を確認した上で、実行に移すことになった。

初めての交流は二月四日。この日、バスで到着した三二名の朝鮮学校の生徒たちを、柏小学

大久保節士郎（おおくぼせつしろう）

本校校医（1977年～）。1948年、高知県生まれ。1974年から立川相互病院に勤務。現在、附属こども診療所所長

「そもそも1951年、立川相互病院創立の主体となったのが、当時共産主義運動をしていた人々と全日本自由労働者組合と在日朝鮮人だった。創立時の医療器具調達に申という朝鮮人が尽力したという記録も残っている。つまり立川相互病院は在日朝鮮人の病院でもある訳で、その学校の校医をするのは当然のこと。私はその伝統にのっとって校医をしているだけ」

すぐ近くに校医のいる病院があって、心強い拠所となっている校医の存在に感謝すると、あっけらかんと、しかしキッパリときりかえした。

小児科医としての最たる資質――子ども好きでは定評がある。年に一度の定期健診と新入生の入学健診の際には、いつも「アンニョンハセヨ」と生徒一人一人に笑顔で声をかけながら丁寧に診察する。

日本語と同じ文法なので簡単！　と勘違い（？）して始めた「ハングルコンブ（朝鮮語の学習）」にハマッて8年目になるそうだ。

「初めの頃は体格の良い子とそうでない子の差が激しかったが、今は皆栄養状態もよく、大差ない。この頃ちょっと気になるのが肥満タイプの男の子で、体格、歯の状態、肥満、アトピー等と、今はあまりよくないことも日本学校と同じ状態になってきた」

生活レベルの均一化や食生活の日本人化といった、在日朝鮮人社会の20余年の生活様態の変遷を、子どもたちの体を通して分析してみせる。

共和国の水害の際には見舞金を寄せ、去年から本校のバザーに出店し、その売上で共和国の乳幼児たちに粉ミルクを送った。病院や本屋に眠っている和洋の医学雑誌を集めては共和国に送った数は、4万冊にのぼる。

全日本民医連の活動も精力的にこなす、実践の人、情熱の人、初志貫徹の人である。

校の全校児童および教職員が校庭で、温かく迎え入れた。

両校の生徒たちは、一緒にこま作りをしたり身近に接する過程で、すぐに打ちとけていった。そして朝鮮学校の生徒たちが、民族衣装に身を包んで舞う踊りと歌を披露すると、柏小の生徒たちはすっかり見とれて、その後「友達賛歌」を合唱した。

柏小学校とのこのような交流は、三年間続きその後立川市立第一〇小学校との交流が現在まで進められている。

わが校に最も近い学校として、立川市立第三小学校がある。同じ町内に所在するにもかかわらず、学校創立以来両校の交流がほとんどなかったのは、不自然なことでもあった。しかし四年前初めて、朝鮮学校を地域に開放し多くの日本の人たちに現状を知ってもらおうという主旨で開かれた「ふれあいバザー」をきっかけに、錦町の地域住民の間で朝鮮学校に対する理解が徐々に深まることとなった。

毎年盛大に開催されている恒例のバザーには、三小の校長やＰＴＡ会長が招待されるのをはじめ、多くの保護者が家族連れで学校に足を運び、朝鮮の文化に親しみ学校の様子を垣間見る絶好の機会となっている。

ある住民からは、「錦町ではもうすっかりおなじみとなった催物で、あのバザーに出かけるのが一家の楽しみでもある」という声も聞かれる。

両校の間では生徒同士の交流に先立って、オモニ会とPTAの保護者たちによる、朝鮮料理をつくって懇談するという形で、昨年はじめて交流が行なわれた。交流は和やかで、保護者同士の話も弾み、今年はぜひ生徒同士がふれあう機会をつくりたいということになり、一二月一日、朝鮮学校の生徒たちが三小に出向き、民族舞踊と民族楽器の演奏を披露することとなった。また校長からの強い要請もあって、今後両校の交流を深めていこうと話されている。

二〇〇〇年度から三小に赴任してきた黒田午左男《まさお》校長は、「朝鮮学校では民族の文化を大切にしていて、生徒たちの姿からは精神的な強さが感じられる。スポーツの面でも、一人ひとりの身体能力の高さには驚かされる」と、学校や生徒たちについての印象を語る。

また「同じ地域に通う生徒たち同士、できれば低学年の時から自然な形で交流が進められることが望ましい。たとえば、お互いの国の代表的な食べ物をつくってみたり、遊びに興じてみたり、子供ならではの視点で楽しめるようなものがいいのではないか」と、とても積極的な意見を表している。

このような好意的な人々の理解のもとに、西東京朝鮮第一初中級学校は地域の中の学校として、また異文化交流の場として、地域社会に浸透しつつある。

二、朝鮮学校の教科書

教材編纂委員会発足と初期教科書

一九四六年二月の二全大会の決定を受ける前に、すでに朝連文化部では一万部以上の教材をつくっている。出版されたのは『ハングル教本』『初等ハングルこども教本』『教師用こども教本』『こども教本』『ハングル綴字法』（復刻版）『朝鮮歴史教材草案』の上・中・下である。そのなかでも李珍珪《リジンギュ》篇の『ハングル教本』が最初につくられた教材だと言われている。後の総聯第一副議長である李珍珪は朝連結成当時文化部次長であったが、朝連文化部が教材編纂委員会を設けるころには文化部部長になり、教科書編纂事業の中心的役割を果たし、民族教育発展に大きく寄与した人物として知られている。

朝連文化部は二全大会直後に「初等教材編纂委員会」を組織し、委員長李珍珪以下一四名を編纂委員とした。一九四八年六月一四日には新たに「教材編纂委員会」に改編され、李珍珪、林光澈《リムグァンチョル》、許南麒《ホナムギ》、魚塘《オダン》、李殷直《リウンジク》の五名が専門委員として選出された。編纂分担は以下のとおりである。企画――李珍珪、教科書編纂責任――林光澈、オリニ（子供）雑誌・大衆雑誌――

許南麒、魚塘、李殷直、書簡文集責任——魚塘、婦女啓蒙読書——李珍珪、挿画一切——許南麒。

現在立川市在住の魚塘によると、一九四七年に入って委員長の李珍珪の自宅で会議を度々行ない、李宅近くにあった狛江の「朝連中央学院」で教科書執筆のため一〇日間近くの「合宿」も行なったという。また魚は、教材づくりにおける一番の苦労は、参考になるような資料が決定的に不足していたことで、編纂委員たちは神田の古本屋街を走り回ったものだと回想している。本国においてもまだ教材らしいものが出版されておらず、かえって本国から教材を送ってくれという要望があったくらいだった。

↑ 朝聯中總文化部　初等教材編纂室

▲…1946年当時の朝連中央総本部文化部初等教材編纂室（『写真集　朝鮮解放１年』朝鮮民衆新聞社編、水野直樹訳、新幹社より）

一九四九年版の『在日朝鮮文化年鑑』を見ると、一九四七年までの出版状況がいかに活発であったかを窺い知ることができる。教科書は九〇種類以上一〇〇万部、副読本は一〇種類以上で八三万部にもなった。

▲…朝連初等教材編纂委員会が刊行した教科書（『在日朝鮮人関係資料集成〈戦後編〉』第6巻より）。

一九五〇～六〇年代

解放後手探りとはいえ活発な教材編纂事業を推し進めてきたが、一九四九年一〇月一九日の「朝鮮人学校閉鎖令」以降、壊滅的な打撃を受けた。各地の朝鮮人学校が閉鎖や公立化に追い込まれ教育体系が分散される中、教材編纂委員会の機能は著しく弱小化し、現場では朝鮮語の教科書の使用さえ難しくなった。公立化された学校では、授業はもちろんのこと自治会などの運営でも日本語を強要され民族科目は課外でしか認められず、生徒たちの母国語能力はみるみる低下し、小学校の低学年では簡単なあいさつの言葉さえ忘れてしまうほどになった。

しかしこのような困難な状況の中でも教科書の編纂・出版事業は絶え間なく続けられ、一九五〇年代の初頭から初等教科書—国語（一～六年・一二冊）、中等教科書—国語（一～三年・

三冊）、世界地理（上）～アジア、アフリカ編～などが「ウリトンム（わが友）社」（現「学友書房」の前身）から出版されている。一九五三年からは共和国の人民学校（小学校）の教科書を入手し日本の実情に合わせ配列などを改編して出版した。また中国の延辺地区やロシアサハリン地区の朝鮮族の教科書も参考にしたという。

一九五五年五月二五日、総聯の結成による在日朝鮮人運動の路線転換は、民族教育の発展においても大きな転機となった。在日朝鮮人の自主性を前面に押し出し、体系的な民族教育の建て直しが始められた。

それは決して、たやすい道程ではなかった。長い間強制された「同化政策」の結果は深刻な後遺症をもたらしていた。廃校や公立化の弾圧にも屈せず一貫して民族教育を続けてきた地域の生徒、日本学校に分散した後再び編入生として戻ってきた生徒、総聯の民族教育に共鳴し新たに編入してきた生徒など、学生たちのレベルはまちまちで、総聯ではまず教育体系の確立と内容の統一に主力を注いだ。

また、民族教育を共和国の教育の一環として位置づけ、その方針に沿った教育の目的、方法、運動が探求されていった。すなわち、当時は共和国の海外公民として「帰国」を前提とし、祖国の社会主義建設に寄与する人材育成に焦点を絞り教育内容を体系化させることになった。

これは都立学校の廃止以降、突如としてすべての経費や教材教具を自力で解決しなければならなくなり、途方に暮れていた民族教育の窮乏の上に、祖国からの教育援助費と奨学金が恵みの雨のように降り注ぐことにより、一層確固たるものになっていく。一九五七年四月から送られてきた教育援助費は教科書出版事業においても頼もしい物質的基盤になり、それによって子供たちに教科書を廉価で配布できるようになった。

総聯の教科書編纂事業は祖国との連携をより一層深めながら発展し、六〇年代に入り八六種、四〇万部以上の教科書を発行し、六五年度には編入生用の国語教科書をはじめて出版するなど、発行部数は実に一一一種、二八万九六五〇部にも達した。

一九七〇〜八〇年代

共和国一辺倒だった教科書の編纂はやがて日本の実情や同胞の生活からかけ離れたものとなっていった。一九六〇年代後半から共和国を席捲した朝鮮労働党のチュチェ思想による唯一思想体系化に基づき、教科書も思想教育の手段とみなされ、ほとんどの社会科学科目の内容が画一的に朝鮮労働党や指導者たちの歴史や思想を繰り返し取り上げた。挙句は日本語や英語の教科書までもが同じ内容を繰り返したので、生徒たちは英語を知らなくても指導者の歴史や教示さえ知っていれば英文が解けてしまうという深刻な事態さえ発生した。生徒たちの教科書への興味はどんどん薄れていった。

一九七〇年代の後半になって総聯はこうした事態を省みて、日本の実情と在日同胞の生活に基盤を置いた教育内容を確立すべく、教科書の大々的な改訂に取りかかる。

一九八三年度から実施された教科書改編の主な内容としては、小中高で反復していた指導者たちの歴史を一本化したこと、小中高を通じて日本の政治、経済、文化に対する常識的な知識が得られるようにしたことだ。また日本語の授業時間を小学校で七〇九時間から八九七時間、中学校で三一五時間から五二五時間、高校で二六五時間から四〇〇時間へと増やし、教科書もその六〇～八五％が日本人作家らの作品で占められるようになった。「英語」の課目でも朝鮮語の翻訳ではない海外作家らの作品を中心にした教科書づくりに努めた。

「国語」でも、生徒たちの母国語能力と民族的情緒の両方面を育てることを目標に文芸作品や生活に根ざした教材で教科書を編纂した。

初級部では日常生活に必要な単語や表現を効率良く習得し、朝鮮語的な言いまわしができるよう、生活場面を映した文章や、慣用句、文型学習に重点を置いた。中高課程では「生徒たちの興味をそそる教材を」の観点から、南北朝鮮の作家の作品に加え、在日同胞作家の作品、解放前の文学作品、古典文学を取り上げ、歴史上の人物やそのエピソード、神話や文物の紹介、日本の和歌や短歌にあたる「時調」なども取り入れた。

一九九〇年代

一九八六年九月の総聯第一四次全体会議は、変化した環境と在日朝鮮人社会の実情に合わせ、あらゆる活動における抜本的改正を決定したが、教科書編纂事業もその例に漏れず大々的な改編が行なわれた。全体会議直後から始まった改編事業は、一九九五年に完了するまで一〇年の長きにわたるもので、それまでのような部分改訂ではなく、新設された三〇教科の教科書をはじめ、一二三冊にのぼる小中高の全教科書を新たに執筆しなおした。内容はもちろん、執筆形式から編集方法、写真や挿絵にいたるまでのすべてを一新した全面改編だった。改編に当たってのキーワードは「民族の自覚と国際感覚を持った人材育成」だ。

例えばそれまで初六、中三、高一～三で教えていた「社会」の課目を初三から取り入れ、家族、学校、同胞社会、祖国と民族、日本や世界に関する幅広い知識を与える。特に以前は高校の世界地理や世界史の中でささやかに扱っていた日本地理を初四から、日本史を初五から導入した。

また美術や音楽などの情操教育においても、初級部では民族的なリズムや色彩感覚を身につけ、中級部でそれを作曲や朝鮮画の制作などで具体化させると同時に、世界の名曲や名画も教材として積極的に取り入れている。

情報化時代のニーズに合わせコンピューターの基礎知識と技能を学ぶ中級部の「情報基礎」

科目三五時間、高級部の「情報処理」科目七〇時間を必修とした。「英語」も中高にかけて授業時間が一四〇時間増えた。

「国語」の教科書作成でも画期的な進展が見られた。最後まで共和国の教育者たちに頼っていた編纂事業を、その構想から執筆まですべて「在日」の教育者たちの手で行なったのである。母国語教育では、日本語をほぼ完全に習得した後に朝鮮語を覚え始める三、四世たちの実情に合わせ、母国語を効果的に習得できるよう教育内容を精選した。つまり朝鮮語の諸要素（聴く、話す、読む、書く）を成長過程に合わせ実践的に学べるよう言語教育の内容を再検討し、言語教育によって民族的帰属意識を高められるよう研究が進められた。

以上が解放直後から今日に至る朝鮮学校の教科書の内容と変遷をざっと辿ったものだ。現在は二〇〇三年度に実施される部分改訂に向けた作業が行なわれている。これは、一九九三年度から一九九五年度にかけて行なわれた前回の全面改訂の実績とその実効性を踏まえつつ、二〇〇二年度から再編される日本の教育課程をも念頭に置いた、より日本の現状に即した実践的なものになるだろうと期待されている。

次頁に、現在朝鮮学校で行なわれているカリキュラムを日本学校と比較したものを表にしてみた。

初級部のカリキュラム

学年	朝／日	国語		社会	算数	理科	音楽	図画工作	家庭	体育	道徳	特別活動	総時数
		朝鮮語	日本語										
1	朝	340	*136	—	136	—	68	68	—	68	—	—	816
	日	—	272	68	136	68	68	—	—	102	34	35	850
2	朝	315	*175	—	175	—	70	70	—	70	—	—	875
	日	—	280	70	175	70	70	70	—	105	35	35	910
3	朝	280	*175	35	175	105	70	70	—	70	—	—	980
	日	—	280	105	175	105	70	70	—	105	35	35	980
4	朝	280	*175	70	210	105	70	70	—	70	—	35	1085
	日	—	280	105	175	105	70	70	—	105	35	70	1015
5	朝	245	*175	140 (70) 朝鮮地理	175	105	70	70	—	70	—	35	1085
	日	—	210	105	175	105	70	70	70	105	35	70	1015
6	朝	245	*175	140 (70) 朝鮮史	175	105	70	70	—	70	—	35	1085
	日	—	210	105	175	105	70	70	70	105	35	70	1015

中級部のカリキュラム

学年	朝／日	国語		社会	数学	理科	音楽	美術	保健体育	技術・家庭	英語	道徳	特別活動	選択科目	総時数
		朝鮮語	日本語												
1	朝	210	*175	140 (70) 朝鮮地理	140	140	35	35	70	35	140	—	35	—	1155
	日	—	175	140	105	105	70	70	105	70	105	35	70	—	1050
2	朝	210	*140	140 (70) 朝鮮史	140	140	35	35	70	35	140	—	35	—	1155
	日	—	140	140	140	105	70	70	105	70	105	35	70	—	1050
3	朝	210	*140	140 (70) 近代·革命史	175	140	35	35	70	—	140	—	35	—	1155
	日	—	140	105	140	140	35	35	105	105	105	35	70	35	1050

＊印は、朝鮮学校での日本語は課目の種類としては外国語の意味。社会は該当学年での朝鮮史・地理の課目を含む。授業時間は初・中級とも１単位45分である。

朝鮮学校では未だ学校五日制が実施されていないので（二〇〇三年度より実施）、日本学校のカリキュラムも一九八〇年度から学校五日制導入前の一九九九年度までに施行された文部省令第三〇号による。

▲…最近の教科書

朝鮮語教育について

繰り返すようだが西東京地域をはじめ、全国の同胞たちが貧困の中、取るものも取りあえず民族教育を始めたのは、日本の植民地政策により失われた母国語を取り戻し、子供たちに朝鮮民族としての自覚と教養を身につけさせたい一心からだった。

朝鮮語教育は民族教育の基本であり、確信を持って世に誇れるものだ。

在日コリアン中、朝鮮語話者は一世（ニューカマーも含む）以外はほとんどが朝鮮学校で学んだ者たちだ。朝鮮学校の卒業生たちは、日本の大学や世界各地の大学などで学ぶ際にも、朝鮮語ができるということが大きな自信となっており、それが職業や研究活動の重要な基盤になっている例も少なくない。

また、冷戦時代の緊張した南北対立の中にあっても、韓国からの来訪者たちは、朝鮮語の通じる朝鮮学校生や朝鮮学校出身者たちに、思想や信条を超え親近感を覚えたという。

在米同胞たちも、世代交代が進み、朝鮮語をまったく話さないわが子らとの間に隔たりを感じるようになるにつけ、在日同胞の民族教育を学ぼうとしている。

時代は様変わりし、朝鮮語や民族意識よりも、日本で生きていくための知識や資格、ステータスを望む親たちが増え、小学校から日本の学校で学ぶ子供たちは日々増えつつある。

しかし、その中には成長の過程で母国語を使えない自分を恥じ、焦り、悩み抜いた末、母国留学をしたり、民族学級や青年学校、朝鮮問題研究会、留学生同盟などの門を叩く者もいる。哲学、言語学、心理学、文化人類学などいろんな学問分野で興味を持って迎えられているサピア―ウォーフの仮説というものがあるが、これは言葉の構造がそれを使用する者の思考過程、または認知の仕方に影響するという考え方だ。つまり英語・日本語・朝鮮語などの言葉のまとまりごとに、独特の世界観ができるのではないかという言語的世界観仮説だ（福沢周亮『言葉と教育』放送大学講義録より）。これはあくまでも仮説ではあるが、「いくら朝鮮語や歴史の勉強をしても、なぜか朝鮮人になりきれない。民族教育を受けてきた人がうらやましい」（神田外語学院に通う同胞学生）と感じている同胞青年がいるように、言葉と世界観形成は深い関係にあるのだろう。

また、昨今の言語学の研究により、言語獲得の生物学的過程が明らかにされ、音韻面での習得（発音や音声に対する弁別能力、アクセントやイントネーションなど）は大脳の発育と深い関わりを持ち、一一、一二歳を過ぎると難しくなると言われている。文法諸規則の獲得も年齢が低いほど速く正確だ。また、語彙の獲得時期も六〜七歳頃までが最も旺盛に行なわれると言われている。これは言語の獲得が神経系の成熟に制約を受けていることを推測させるという（内田伸子『言語機能の発達』金子書房）。

以上の事情は、子供たちに対する年少期からの母国語教育は人間形成の上で必須であり、民族教育を日本の私立学校のような一選択肢にすぎないといって、助成金を出し渋る政府や地方自治体の言い分が、人間の尊厳や子供の権利をうたった憲法や子供の権利条約に違反するということを、言語発達の見地からも告発している。

三、学校を支える保護者たち

オモニ会

「オモニ会」は年一回のバザーを中心に、「一日給食」や図書管理、ベルマーク事業、リサイクルなどのほか、地域の行事に積極的に参加して、地元の日本人住民の理解を得るための具体的な対外交流などを主な活動内容としている。

一九九六年一〇月には、学校と協力して初めて学校を一般の日本人にも開放した、「ふれあいバザー」が開かれたが、オモニ会の経験と今までのバザーの実績があって初めて実現したものである。

過去の歴史的経緯から、創立いらい半世紀が過ぎたにもかかわらず初めて朝鮮学校の門をくぐったという地元住民をはじめ、地元以外からも多数の参加者を迎えることができ、参加総数はそれまでのバザー参加者を五倍以上も上回る二六〇〇人という盛況ぶりだった。そして、なによりも閉ざされた学校という偏見を拭う大きなきっかけになったという意味において、たいへん意義ぶかい企画となった。

「オモニ会」のこうした自主的で積極的な活動は、これまで見てきたように、学校の創立そのものに主体的に関わり、過酷な弾圧のなかでも民族教育を守りぬいた素朴で情熱的な父母たち、祖父母たちの歴史の上に積み上げられたものと言える。ここではその先達たちを通して、「オモニ会」の足跡を辿ってみたい。

オモニたちの活動のはじまり

一九四六年二月の朝連の二全大会では、体系的民族教育を確立することが議会決定され、それによって全国に朝連初等学院が誕生していったことはすでに述べたが、この大会ではほかに、朝連中央に青年部と婦女部の設置も決議された。

朝連中央の決定を受けて各地方本部にも次々と婦女部が設置され、ここ三多摩（現西東京）本部でも早くに婦女部が誕生している。婦女部の活動内容には、「子女教育」が重要な課題のひとつとして盛り込まれた。オモニたちの活動の始まりである。

東京都荒川区にある東京朝鮮第一初中級学校の創立五〇周年記念写真集に、「第七回オモニ会記念　東京第一朝連初等学校」と記された集合写真が載っている。撮影年月日は一九四七年六月一五日とあり、私たちが知る限りにおいては、これが一番古いオモニ会に関する記録と思われる。しかし、発足年月日がいつで、オモニ会がつくられた経緯など、詳しいことは分からない。また、この時期わが校をふくめた他校の場合どうだったのかは、さらによく分からない。

一九四八年の「四・二四阪神教育闘争」の翌日である四月二五日付の『解放新聞』に、「オモニ会」の記述が見られる。「闘争基金募集に東京女盟活動」という見出しの小さな記事で、教育闘争を戦い抜くために「女性同盟東京本部では管下各支部盟員を総動員、オモニ会を組織し」教育闘争について学習会を開く一方、「古雑誌、古新聞、米一合カンパを展開している」とある（原文ハングル、訳・筆者）。この記事から、東京本部でこれより少し前に組織的にオモニ会を発足させたことがわかるし、オモニたちの役割がとくに注目されだしたのが、皮肉にも弾圧の時代を迎えてのことだったことが読み取れる。

西東京第一のオモニ会の記録はこのころになっても見つけられないが、教育闘争全般において東京都本部と足並みを揃えていることから、オモニ会が会として発足したかどうかにかかわらず、同じようなオモニたちの活動は始まっていたと見ていいだろう。特に、学校のことにはことのほか熱心だったということで知られている、当時の朝連三多摩本部の婦女部長だった姜《カン》光淑《グァンスク》の活躍からも、それが伺える。

姜光淑はのちに、婦女部が朝連から独立して独自の女性団体として結成された「在日本朝鮮民主女性同盟」（委員長・金恩淑《キムウンスク》、一九四七年一〇月一三日）中央の初代副委員長の一人に就任し、女盟三多摩本部委員長を兼任した人物だが、一九五〇年代に入ってからは中央から身を

姜光淑（カングァンスク）

1910年、慶尚道生まれ。

1930年代「消費組合運動」を展開した夫の南浩栄氏を陰で支えながら、本国から渡日しても身寄りのない朝鮮女性の世話をするなど、とても民族心の強い人だった。

解放前、東京の向島で暮らしていた姜・南一家は、1945年3月10日の東京大空襲もそこで体験した。しかしその時一家は、頭上に落ちる焼夷弾を目の当たりにしながらも、防空壕に入ろうともせず、さりとて逃げようともしなかった。その代わりに、爆音と町を焼く炎と隣人の悲鳴のなか、夫妻は自宅の二階の窓から空を仰ぎ見て、何度もこう叫んだのだった。「もっと落とせ！もっと落とせ！」と。おかげで、その後は配給がしばらくは回ってこなかったとか。

解放後は夫婦ともにいち早く朝連の活動に飛び込んだ。姜氏は三多摩本部婦女部長に、夫の南氏は朝連三多摩本部委員長に就任する。子供たちの記憶では、家での両親の会話はいつも活動のことばかりで、2人は毎日のように活動のことで激しい議論を戦わせていたという。

1947年2月2日付けの『解放新聞』に「婦女運動の諸問題」と題した彼女の投稿記事がある。内容は、女性のための組織作りが急務とされながら、男性が無理解であることを批判する一方で、女性は教養を高めて「朝鮮女性を数世紀もの間の文盲的男性隷属状態から脱却させ、自由な独立の人格を付与するようにすること」を切に訴えている。

同年10月12日に発足した在日本民主女性同盟の副委員長の一人に抜擢され、女盟三多摩本部委員長も兼任する。

1950年ごろからは中央職を退き、女盟三多摩本部委員長に専念したが、学校の卒業写真にはいつも収まっていたという、三多摩における「重要人物」だったというわけだ。

1992年、膵臓癌により死去。享年82歳。彼女が全力で守り抜いた学校に、いまひ孫たちが通っている。

引いて地元の活動に専念している。「地元で思う存分活動したかったみたい。中央に収まっている人じゃなかったから」とは、姜の長女南《ナム》静姫《ジョンヒ》のことばだが、姜光淑は精力的に活動する女傑として地元ではたいへん有名だった。

一九五二年度と一九五四年度の卒業生記念写真に彼女の姿が見られるが、いずれも厳しい表情で、南静姫のことばどおりに激しい気性が感じられる。

一九五五年以降

現オモニ会の主事業になっているバザーは、本校においては一九五〇年代後半に始められた「ククパプ販売」が端緒になったと言われている。それを始めたのは、初代オモニ会会長の尹《ユン》加萬《ガマン》である。尹は入学したばかりの孫可愛さから学校にしばしば足を運んでいたが、そうしているうちに少しでも学校の手助けがしたいと、運動会での「ククパプ販売」を考え出したのだった。運動会の当日、尹は鍋や釜からどんぶりにいたるまでの一切合財を自宅から学校に運び込んだ。「ククパプ販売」は、思ったとおり大好評だった。

オモニ会は、オモニたちによる自発的な動きが顕著になるなかで自然発生的に誕生したと、当時の副会長金《キム》米子《ミジャ》は語る。金は、あまりにみすぼらしい学校に息子を通わせるのが心配で様子を伺いに行っているうちに、熱心なオモニだと「誤解」されて副会長になったという。しか

金米子（キムミジャ／阿久津米子）

東京生まれ。
初代オモニ会副会長。

本名阿久津米子。日本人の彼女が朝鮮人男性のもとへ嫁いでから、在日朝鮮人としての人生が始まった。

40年前、長男の就学をひかえ我が子を日本人として育てるべきか、朝鮮人として育てるべきか、夫との間で意見を交わしながら葛藤する日々を過ごした。当時の校長の再三にわたる勧めもあって、息子を朝鮮学校へ入学させる決意をする。

「夫を愛し信頼するならば、自分からすすんで朝鮮人になり、子供もりっぱな朝鮮人としての誇りを持てるよう育てたい……」

これは1959年当時、1年生を持つ母親たちの文集「ぴょんあり」（ひよこ）の中に綴られた彼女の心情だ。

苦悩の末決断したものの、学童を持つ母としての米子さんの気持ちは、穏やかなものではなかった。

当時のわが校といえば、古びた家屋の中に今にも壊れそうな椅子と机が並べてあるだけのみすぼらしさ。日本学校に比べれば雲泥の差がある学び場所だった。

毎朝学校へ送り出しながらも、息子の様子が気になる彼女は、いてもたってもいられず学校へと足を運んだ。

こんな環境で教育できるのかという不安でいっぱいだった彼女だが、教師の熱意と子供たちの明るい笑顔が満ち溢れる民族教育の現状を目の当たりにし、彼女は次第に変わっていった。

若い教師の食事の世話をするなど、学校のために献身的になっていったのである。

その頃米子さんと同様に、朝鮮学校へ子供を送る日本人の母親たちが少なくなかった。このような日本人女性と朝鮮人女性のまとめ役になっていたのだろう。彼女は絶大な信頼を受け、初代オモニ会副会長となり9年間務めた。

「息子の朝鮮学校への入学が、同時に自分自身にとって朝鮮女性として生きるきっかけになった」と、米子さんは半生を振り返る。

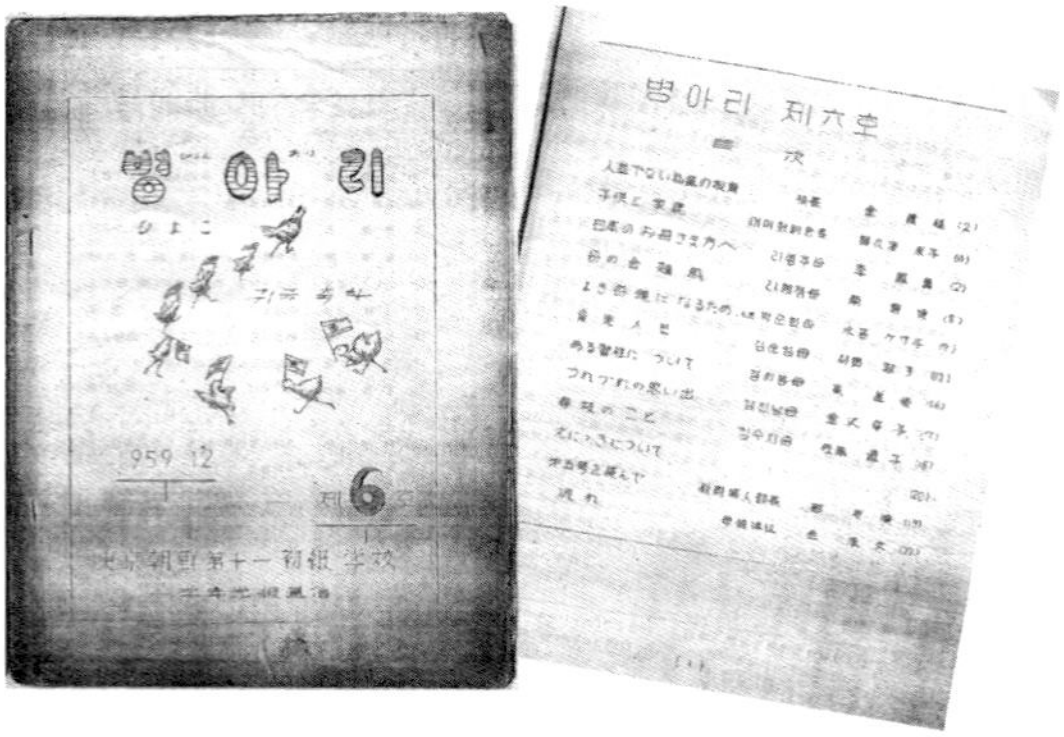

▲…初級部1年生のオモニたちの学級通信「ぴょんあり」(ひよこ)第6号(1959年12月)。オモニ会副会長、阿久津米子の名前がある。ほかにも日本人のオモニが熱心に関わっていた様子が伺える。姜光淑の長女、南静姫の寄稿もある。新入生の母としての思いがつづられている。(朝鮮大学校図書館提供)

し、その後九年間もオモニ会に積極的に参加したのだった。

こうした積極的な女性たちを中心にした母親たちの間では、資金作りのために「クㇰパプ販売」以外にもさまざまな収益活動が行なわれた。最初の大きな仕事は学校に電話を入れることだった。その頃まだ学校に電話が設置されていなかったのだ。オモニたちは上野まで行き固形石鹸を大量に仕入てきて小分けして包装し、同胞たちはもちろん近隣の日本人の間で売り歩き、約半年後念願の電話を学校に引いた。こうした積み重ねで得た収益は、一九五八年四月新しく中級部の併設に伴い進められた校舎建設のおりにも、大いに役立ったのである。

一九七〇年代以降

先輩オモニたちの学校を思う気持ちは代々受け継がれていったが、七〇年代中頃からまた活発な動きが見られるようになったという。

今も続けられているベルマークを集める仕事はこの頃から始まった。ベルマーク組合に加入登録したのは一九七六年七月。それから今日まで続けられ、総額七〇万円に相当する学用品や備品が備えられた。

「一日給食」も長く続けられているオモニ会の活動の一つである。本校には設備や予算の関係から給食がない。そのため子供たちは、お弁当持参かパンなどを注文するのだが、たとえ年に二、三回だけでも暖かいご飯を食べさせたいと、「一日給食」が始められた。

わが校では昨年の九月にようやく図書室が設けられたが、これもオモニ会が実現させたものである。学校でありながら図書室がないなど信じられないことだろうが、財政状況はこれすら容易に叶えられなかった。図書室のための増築などとうてい望めないからだ。そのため各教室に図書コーナーが設けられていたが、本を充実させてきたのもオモニ会が中心だった。皮肉にも近年の学生数減少によって教室が確保され念願の図書室ができたのだが、コツコツと本集めを積極的に行なってきたオモニたちがいたからこそ実現できたことである。現在、図書館勤務経験のあるオモニが中心になって、ようやく五〇〇〇冊以上になった朝鮮語と日本語の図書管理も、オモニ会が行なっている。

一九八二年四月、会則が作られ会としての計画的、体系的な活動が進められるようになる。そして、最初に述べたような大規模なバザーを主催したり、対外交流活動も活発に行なうようになった。

学校を支える保護者の会

一方、学校の保護者としての活動をなぜオモニ会だけが担うのか、という疑問がオモニたちからも、またアボジ（お父さん）たちからも聞かれるようになった。実際にはこれまでもアボジたちは教育会、理事会に参加して学校経営に直接関わってきた。しかしそれはオモニ会のような全員参加の会ではなく一部のアボジたちによる貢献であった。また一日給食やバザーなど学生たちの学校生活に直接関わる部分を担当するオモニたちの活動との棲み分けも明確で、これに矛盾を感じる保護者がいるのは自然なことだったと言えよう。

男女の役割分担を当然のことのように考えてきた時代から世代交代が進み、「子供のことは母親任せ」だったアボジたちの間からも、子供の学校生活に直接関わろうという意欲が表れるようになったのである。それは、九〇年代に入って学校の運営状態がますます悪化し、これを何とか立て直したい、子供たちにより良い学習環境を与えたいという思いが、アボジ、オモニたち皆に共通の、切実なものとして分かち合われる中で、具体的な会の立ち上げに繋がっていった。

こうして一九九八年三月、「西東京朝鮮第一初中級学校を支える保護者の会」が立ち上げられた。

「保護者の会」は、正式発足を前後して補助金未支給の市に対する要請行動を開始、西東京二七市長宛ての質問状を提出して意識調査をするなど、公的助成獲得のため、自発的な活動を繰り広げた。当時、西東京二七市中、保護者補助を実施している市は一六市で、その金額も東京二三区に比べて著しく低い額に止まっていた。東京都は、一九七〇年に全国で初めて朝鮮学校に対する補助金支給（「私立学校教育研究補助金」、単年度支給）を実施し、一九九五年からは「外国人学校教育運営費補助金」を毎年支給するようになり、本校も学校法人東京朝鮮学園の一校として補助の対象となった。しかし、学生一人当たり一万五〇〇〇円を基準とする補助額は、私立学校に対して都が行なっている補助の一〇分の一にも満たないもので、保護者の負担は増える一方となっていた。

「保護者の会」は、補助金未支給の各市に対する要請行動の中で、日本に朝鮮人として生を受けたわが子に、そのことの意味を真っ直ぐに捉えさせたいのだという親の思いを切々と語っ

◀…「ふれあいバザー」。焼肉、キムチシューマイなどの朝鮮食品コーナーは人気ブース。

た。その思いが通じて、複数の市で請願、陳情が採択され、狛江市、あきる野市などで新たに保護者補助金を実施させるという具体的な成果をあげた。このような保護者の活動は、保護者や近隣の朝鮮人の力だけで学校を支えていくことはますます厳しくなるという見通しのもと、将来的に公的資金によって朝鮮学校が維持されるようになるべき、という考えに基づいて行なわれている。そしてそれは、これまでに見てきたような朝鮮学校の歴史的経緯と、国際化がうたわれる時代の要請に沿うものだと考えているのである。このような考えは、一九九八年の日弁連勧告によって裏打ちされ、次いで「子どもの権利条約」審査委員会でも正当化された。

「保護者の会」は補助金獲得運動を軸に据えながら、学校補修事業やコンピューター環境を整えるなど、オモニ会の活動が及ばなかった部分を補うような活動も行なった。壊れた扉を直したり、学校の清掃をしたり、コンピューター室を整備したりといった、子供たちの学習環境に直接手を入れるアボジ、オモニたちの姿が日常的に見られるようになった。財政を支えながら、財政の及ばないところは直接労力で補うという保護者たちの活動が、学校を支えるひとつの大きな力となっている。先の「ふれあいバザー」でも、二年目からはオモニ会とともに中心的役割を果たした。

一方、アボジとオモニが共に参加し、その名も「保護者の会」としている会と、オモニ全員参加によるオモニ会が併存していることについて、整理する必要が唱えられ始めた。そこで今年に入って、長い伝統を持つオモニ会を残しながら新たにアボジ会を立ち上げ、両会をつなぐ「保護者連絡会」を設けてオモニ会とアボジ会の代表で運営し、補助金獲得運動など「保護者の会」が行なってきた活動も引き継ぐことになった。いずれ、男女の役割分担を解消し、父母に限らず、すべての保護者が参加していることを名実ともに表す「保護者の会」が作られることを期して、学校を支えてきたアボジ、オモニら保護者の思いと活動が引き継がれていくことを期待する。

四、なぜチマ・チョゴリを着るのか

「切り裂き事件」をきっかけに

日本国内に外国人学校が多数あるが、民族衣裳を制服にしているのは朝鮮学校だけであろう。同じ民族である韓国系学校の学生もチョゴリを着ていない。しかし、一九九四年と一九九八年に起きたいわゆる「チマ・チョゴリ切り裂き事件」は、彼らにも衝撃を与えた。朝鮮学校の女子生徒が民族衣裳を着ているがゆえに刃物で襲われたというこの事件は、重大な民族差別であるとして、韓国マスコミでも写真入りで報じられた。

一九九四年四月にいわゆる「核疑惑」をきっかけに起こった事件は、東京朝鮮中高級学校の女子生徒が電車のなかで、ハサミでチマを一五センチ四方も切り取られるということから始まった。それから七月までのわずか三か月の間に、チョゴリや髪を切られる、ベルトで殴られる、腹部を殴打される、石を投げられる、「朝鮮人、殺してやる」などの暴言を浴びせられる、などの事件が、全国で百数十件にも及んだ。

事件は、特にチマ・チョゴリを着た女子学生が狙われるケースが多く、民族差別と女性差別、さらに抵抗しにくい子供への攻撃という意味において、きわめて卑劣な事件であった。

このとき、わが校の学生もおおきな被害にあった。

五月一四日、青梅線昭島駅近くで中年男性が「変な服着てるな」と言って、チマ・チョゴリを着た本校の女子中学生にビールをかけるという事件が起こった。その後も暴言を吐かれるようなことがひきつづき起こった。

さらに六月一四日、中央線の武蔵境─東小金井間の車内で本校の女子中学生が、五〇歳くらいの男性に、チマを横六〇センチ以上もカッターナイフで切られた。

チマは外側を横一文字に切り、さらに裏地をL字に切っており一瞬の出来事ではなかったことがわかる。犯人はチマを切りながら「北朝鮮、核……」などと呟いていた。目撃者も多かったが誰も暴行を止めることはなく、被害にあった学生は恐怖のため身動きができなかった。東小金井駅で

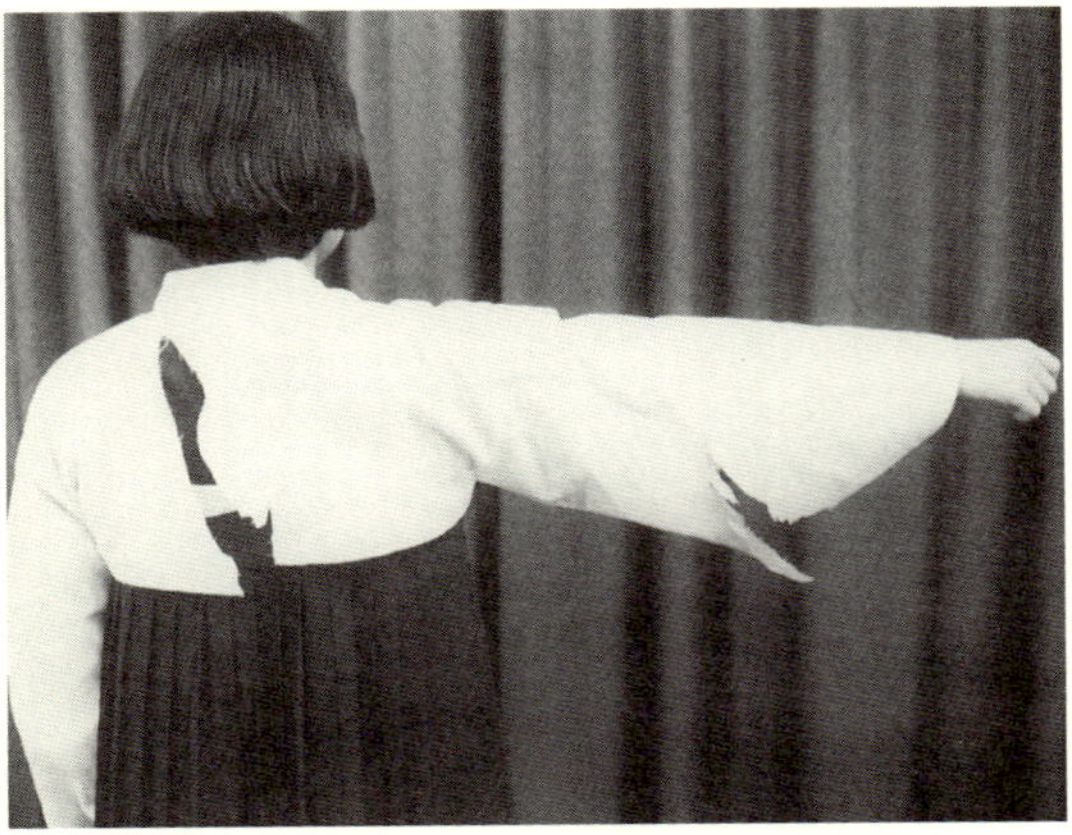

▲…1994年6月、電車の中で2人の男性にチョゴリをはさみで切られた東京朝鮮中高級学校の学生。

途中下車した学生はホームのベンチに座り込んで泣き崩れてしまったのだった。

一九九八年の九月、いわゆる「テポドン」をきっかけに朝鮮学校生への嫌がらせや暴行事件がふたたび起こった。このときの事件は発生件数からすると九四年のときほどではなかったが、具体的にはより深刻な面があった。殴打事件に加え、とうとう刃物で体を傷つけられるという傷害事件になってしまったことだ。また、このときは、こうした事件に抗議の声をあげた日本人支援者への嫌がらせがひどかったのも特徴的だった。

被害にあった学生は皆、誰も助けてくれなかったことがよりショックだった、と語っている。ナイフが背中をかすめた恐怖心もさることながら、誰も助けてくれないという孤立感がさらに心の傷を深くしたのである。

こうした事件がきっかけになり朝鮮学校の保護者と学校関係者と生徒たちの間で、制服としてのチマ・チョゴリをめぐる「子供たちの安全」と「民族的誇り」の議論が沸騰した。そして昨年度からチマ・チョゴリを第一制服として、ほかにブラウスとブレザーの制服が新たに第二制服として定められた。

私たちは自民族の文化が傷つけられ、文化を受け継ぐ権利が脅かされた事件として抗議の気持ちを強く表明するが、ここでは朝鮮学校史を振り返るという目的から、いつから、なぜチマ・チョゴリが朝鮮学校の制服になったのかをさぐってみようと思う。

チマ・チョゴリの意味

ここに紹介する写真は一九三一年のもので、女子学生が卒業記念の挨拶をしている一場面である。皆揃いの白のチョクサム（夏用チョゴリ）に黒っぽいチマを着ており、当時の女子学生の典型的な制服姿と思われる。ところが、その姿は一九四〇年代に入るとほとんど見られなくなる。朝鮮語教育が禁止され、制服もブラウスに変えられたのである。

▲…上は1931年のソフィア女子高等学校の卒業生（『別冊１億人の昭和史　日本植民地史１　朝鮮』毎日新聞社）。長いお下げ髪とチマ・チョゴリ姿だが、下の1940年の写真は短かい髪にブラウス姿。キャプションには「昭和一五年から女学校では日本式作法の時間が設けられた」とある。

こうした植民地期の同化政策の反動もあって、解放後チマ・チョゴリは解放の証の一つとして、特別な意味を持ったにちがいない。同胞が集まる大会場の写真には、チマ・チョゴリ姿の女性が目立つ。チマ・チョゴリは特別な行事の時の晴れ着として、母も娘もすすんで身につけたのだ。

その、晴れ着としてのチマ・チョゴリが制服化したのは、解放から一八年後の一九六三年度からのことである。

一九六三年三月三〇日付けの『朝鮮新報』にある「女学生たちの服装と髪形」という見出し記事には、中・高生の場合「今後全国的に制服を統一させると、総聯中央教育部で言っています」(原文朝鮮語)と書かれている。また記事によると、それまでにも「第一校服としては黒のチマ・チョゴリ、第二校服としては洋服と定めて」きたが各学校によって事情が異なってきたこと、今後はそれを統一するが、小学生もできるだけチマ・チョゴリを着ようと呼びかけている。また、同年の四月一日付け『朝鮮新報』の「民主主義的民族教育事業をさらに発展させよう」という社説で、「民族的主体確立のための教育を強化し、ウリマルをよく使い、名前を(朝鮮式に)直し、朝鮮服を着るようにしなければならない」と述べられている。

チマ・チョゴリの制服化は、こうした総聯中央の方針に基づいて全国的に推進されたのだった。ただし、経済的事情に応じて揃えるよう、ゆるやかなかたちの指導であった。

卒業アルバムを見ると、わが校の場合、総聯中央の方針どおりに一九六三年度でチマ・チョゴリの制服化が完了したようだ。

制服論議

チマ・チョゴリの制服はこのように特別な意味を込めて着用されるようになり、朝鮮学校のシンボルとなった。それが、「事件」をきっかけに見直そうという声が上がり始めたのである。朝鮮学校のシンボルとはいえ、学生の安全を第一に考えてチマ・チョゴリを廃止しようというものだ。一方、チマ・チョゴリを着ていない小学生も男子学生も被害にあっており、必ずしもチマ・チョゴリを着ないからといって安全とはいえないのだから、廃止すべきでないという意見も出て、真剣に議論された。大人たちが心配するなか、当の学生たちは、「暴力は許さない」「暴力によって、チマ・チョゴリを脱いだりしない」とする意見が多数だった。

また、少数ではあるが制服そのものが必要ないのではないかという意見や、そもそもなぜ女子学生だけが民族服を着るのかという意見も聞かれた。民族教育のシンボルだというのなら、なぜ男子学生はパジ・チョゴリを制服にしなかったのかという疑問である。そこには男は近代、女は伝統という分業思想が見え隠れしていないかという指摘がなされた。

保護者も学校も、総聯内部もさまざまに揺れた。結局、第二制服が認められるようになり、しかもどの程度認めるかは地域の判断に任された。つまり、当初は登下校時のみ第二制服で学校内ではチマ・チョゴリに着替えなければならないとされたため、親の負担が増えることへの反発があり、それへの対応をそれぞれに任せたのである。

本校では、この問題に関して学生と保護者対象にアンケートが実施された。結果は、夏服に限ってだが、チマ・チョゴリでもブラウスでも好きなほうを選べば良いという意見が多数を占めた。それにしたがい、本校では二つの制服のどちらを選ぶかは本人の自由になった。

こうしてチマ・チョゴリの制服は事件をきっかけに一部見直された。しかし、民族服を安心して着て歩けないという病んだ社会の問題と、民族服を着る主体の側がそれを着ない選択をするということは、混同して語られるべきではないだろう。ましてや、暴力に屈してチマ・チョゴリを脱いだなどという、短絡的な見方で考えないでほしい。着ない選択をしようがしまいが、事件は決して許されないのである。

あとがき

朝鮮学校は反日教育をしている、従ってそのような国益に反する学校を認めるべきではない、というのが戦後日本政府の一貫した姿勢だった。一方で、朝鮮学校の民族教育は素晴らしい、だから守らなければならないという声もあり、そのような善意に朝鮮学校は支えられてきた。心からありがたいと思う。

しかし私たちは今、あえて両者にノーと言わざるをえない。「素晴らしいから守る」は、素晴らしくなければ守る必要がないということに繋がってしまうからだ。

朝鮮学校の民族教育はいたらないこともあったし、今も十分とは言えない。だから改善を模索してきたし、そうした努力は今後も続けられるはずだと、私たちは信じている。

朝鮮学校が存在すべきか否かは、学校の性質や教育内容に対する評価によって恣意的に決められたり、論じられたりするべきものではないと思う。朝鮮学校は、それを必要とする人たちがいる限り、守られるべきものなのだ。解放直後、一世たちは懐かしい故郷に帰るため、わが子に母国の言葉と文字、歴史と文化を教えてくれる場所を切実に必要とした。子供たちは、朝鮮人であることを理由に差別されることのない学校ができたことを心から喜んだ。それが朝鮮学校の始まりであることを、私たち自身、この本を編む作業の中で再認識した。そして今なお、私たちはわが子のために、朝鮮学校を必要としている。

日本人の子供たちとは趣の違う自らの名前を、出自を、自分自身の存在そのものを、真っ直ぐに受け入れてほしい。ことさらに誇る必要もないけれど、決して卑下する必要もない。自分は自分のままでいいのだという当たり前の感覚を、自然に培ってほしい。そんな願いから、私たちは朝鮮学校を選択した。それは、私たち自身が朝鮮学校で手に入れたものでもあるのだ。

「少数者集団……に属す子供は共同社会において自己の集団の構成員とともに自己の文化を享有し……自己の言語を使用する権利を否定されない」と定めた「子どもの権利条約」が遵守される社会は、日本の公教育の場でも多民族多文化教育がなされ、朝鮮学校のような外国人学校も同時に認められ、守られる社会であるはずだ。そのような社会が実現されることを切に願う。

しかしひとたび振り返って、そのような社会環境をもたらすため、また朝鮮学校への理解を広げるために私たち自身がどのような努力をしてきたのか、と思うと、決して十分だったとは言えない。近年になってやっと学校を公開し、日本社会の中で自らを積極的に開いていく努力がなされるようになったが、朝鮮学校に対する無理解や誤解、異質視や好奇の目に対し、肩肘を張ってしまうのが常だったように思う。

私たちはこの本の中で、朝鮮学校の過去と現在を等身大で描くよう努力したつもりだ。ありのままの学校を知ってもらうことが、私たちの願いを実現するための第一歩になると期待して。

当初、学校創立五〇周年にあたって発行しようと企画された本書が、結局創立五五周年の記念刊行物になってしまった。早くに取材に協力して下さった方たちには、とりわけ苛立たしい思いをおかけしたのではないかと思う。それぞれが子供を抱え、仕事もしながらの取材と執筆であったことが言い訳にはならないだろうが、理解と寛容を期待するばかりだ。

遅々として進まない私たちの作業を温かく見守ってくれた学校関係者、そしていつも忙しく、ただでさえ十分に子供の面倒も見てあげられないのに、原稿執筆まで抱えてしまったオンマたちを陰で支えてくれた家族と、何よりも貴重なお話を聞かせてくださった皆さん、そして年内刊行を実現してくださった社会評論社の新孝一さんに心から感謝します。

参考資料（書名五〇音順）

「朝日新聞」二〇〇一年七月一七日
西東京朝鮮人強制連行真相調査団『あの忌まわしい過去は再び繰り返されてはならない――西東京朝鮮人強制連行の記録――』（一九九七・五）
朴慶植『解放後　在日朝鮮人運動史』三一書房（一九八九・三）
「解放新聞」『朝鮮問題資料叢書　補巻　解放後の在日朝鮮人運動Ⅲ』アジア問題研究所（一九八四・七）
「教科書に見る民族教育」（原文朝鮮語）解放直後編～一九九〇年代編　『朝鮮新報』（一九九六年六月四日付、七月二日、七月三〇日、八月二七日）
『在日朝鮮人関係資料集成〈戦後編〉』第六巻「教科書・教育関係雑誌」不二出版（二〇〇〇・一二）
『同』第七巻「都立朝鮮人学校関係」
小沢有作『在日朝鮮人教育論　歴史編』亜紀書房（一九七四・九）
日本教育学会教育制度研究委員会、外国人学校制度研究小委員会『在日朝鮮人とその教育』資料集第一集（一九七〇・八）、第二集（一九七二・八）
『資料集・在日朝鮮人の民族教育の権利』在日本朝鮮人教育会編（一九九六・一）
梶井渉『朝鮮人学校の日本人教師』（一九七四・一）
金徳竜「朝連の教科書編纂及び出版普及事業に関する一考察」（原文朝鮮語）『社会科学論文集』（一九九八年）
在日本朝鮮社会科学者協会在日本朝鮮人人権協会編『同胞の生活と権利』（一九九九・六）
朴三石『問われる朝鮮学校処遇』朝鮮青年社（一九九二・五）
孫志遠『鶏は鳴かずにはいられない』（朝鮮青年社、一九九三・一〇）
『西東京（三多摩）朝鮮第一初中級学校創立50周年記念写真集』（原文朝鮮語）連合同窓会／オモニ会・学校50年史編纂委員会（一九九六・一〇）
『未来のために――問われる朝鮮学校（外国人学校）の処遇――』在日本朝鮮人東京都民族教育対策委員会（一九九七）
東京都立朝鮮人学校教職員組合情報宣伝部編集発行『民族の子』（一九五四年一一月二〇日号）

関連年表

年	西東京朝鮮第一初中級学校	背景
1945年	解放時、三多摩地域には立川飛行場建設、高尾軍用道路建設、青梅線鉄道敷設などに動員された同胞たちが住んでいた 9月 立川、府中、調布、八王子、西多摩に国語講習所開設	8・15 祖国解放 在日同胞二三六万五二六三人 10・15 在日本朝鮮人連盟（朝連）結成
1946年	4・1 立川（四月一〇日）、槿花（府中、調布）、八王子、二宮（西多摩）の各朝連初等学院が開設	2・27 朝連臨時第二回全体大会 ・民族教育と青年教育の強化を掲げ、 ・初等学院の設置等を決定 ・「初等教材編纂委員会」発足（四八年六月一四日「教材編纂委員会」に改編）
1947年	秋 三多摩朝連初等学院建設開始（現在地）	5・2 「外国人登録令」公布 5・3 日本国憲法施行 8月 在日本朝鮮人教育者連盟結成
1948年		

1・24 文部省学校教育局長通達――朝鮮人も日本の学校に通わなければならない（第一次閉鎖へ） 3・25 立川朝連初等学院第一回卒業式（四名） 4 「三多摩朝連初等学院」として発足（一二〇名） 4・15 東京都知事から日本の教科書使用、私立学校手続きを取るよう通達 5・5 朝鮮人の独自的な教育を実施すること」との覚書交換。 5・6 文部省「覚書」の細則を都道府県に通達	4・24 阪神教育闘争 9・9 朝鮮民主主義人民共和国創建 10・8 「北鮮旗の掲揚禁止に関する国家地方警察本部長官通牒」発布
1949年 10・19 文部省が第二次「閉鎖令」を公布。 12・20 「東京都立第二朝鮮人学校」となる 12・22 日本人校長及び教師が赴任（五名）	9・8 団体等規制令により朝連、民青強制解散
1950年 1・18 東京都朝鮮人各級学校ＰＴＡ連合結成	6・25 朝鮮戦争勃発

	12	東京都立朝鮮人学校教職員組合（朝教組）結成	6・28	祖国防衛中央委員会（祖防委）結成
1951年	4	文部省が一〇項目にわたって「閉鎖令を遵守」するよう通達	1・9	在日本朝鮮民主統一戦線（民戦）結成
			2・28	都立朝鮮人高校に武装警官乱入
			3・7	朝鮮人高校に再び五〇〇名の武装警官乱入
			10・4	「出入国管理令」公布
1952年	9月	東京都教育長による通達「朝鮮人子弟の公立小・中学校および高等学校への就学について」。「講和条約により外国人になったから日本の義務教育を受ける権利はなくなった」というもの	4・28	サンフランシスコ講和条約発効 「外国人登録法」制定
1953年	12・8	東京都教育委員会が「六項目」通告	7・27	朝鮮戦争休戦協定調印
1954年	3・16	都教委、六項目認めなければ予算打ち切りを通告		

	3・20	「都立朝鮮人学校運営についての覚書」に署名
	10・4	都教委、都立朝鮮人学校（一五校）に五五年三月三一日で廃校を通告
	8・30	共和国の南日外相、日本政府に対して、在日同胞を共和国公民として認め、在日同胞への弾圧を止めるよう声明（「南日声明」）
1955年	3・31	「都立朝鮮人学校」廃止
	4・1	学校法人東京朝鮮学園として各種学校認可。「東京朝鮮第一一初級学校」となる。
	5・25	在日本朝鮮人総聯合会結成
1956年	4・10	朝鮮大学校創立
1957年	4・1	中級部校舎併設（初校舎の北側、二階）「東京多摩朝鮮中級学校」
	4・8	共和国から初めての「教育援助費と奨学金」が送られる
1958年	5月	「学級自治会」、「全校自治会」を解消し「在日朝鮮少年団多摩朝鮮中級学校隊」、初級部は「東京朝鮮第一一初級隊」として、少年団結成
1959年	12・14	帰国船第一船が出航
1961年	4月	「三多摩朝鮮第一初中級学校」と改称

	7月 中級部の二階校舎建設（校庭南側）、「日本のヤクス中学校」と呼ばれる	
1963年	4月 女子生徒の制服をチマ・チョゴリに制定	
1965年		6・22 「韓日基本条約」「在日韓国人法的地位協定」調印 12・28 文部省次官通達「朝鮮人のみを収容する教育施設の取り扱いについて」
1966年	7月 初級部校舎増築（初校舎の東側、二階）	「学校教育法一部改正法案」提出
1968年		「外国人学校法案」提出 4・17 東京都が朝鮮大学校を各種学校として認可
1970年	東京都が「私立学校教育研究補助金」名目で、全国で初めて公的補助	
1971年	5・24 日本赤十字東京都支部から表彰される	
1972年	4・1 祖国から教科書が無料で送られる	6・7 「外国人学校法案」、七度目の廃案

	7・4 「南北共同声明」
1973年 3・25 読売少年サッカー大会に初出場し優勝	
1974年 11・24 立川市卓球大会で準優勝	
1975年 7・12 立川市民大会で初・中級サッカー部、共に優勝	
1976年 朝鮮大学校第二運動場に新校舎建設のための建設委員会発足。一部近隣住民の反対陳情が小平市議会で強行採択され中止。 6・26 立川市民大会で中級部サッカー一位、初一年三位	
1984年 4・1 新校舎竣工（現在の校舎）	
1985年 6・25 多摩地域で初めて、日野市が保護者補助金支給を決定	
1988年 1・20 右翼が本校襲撃	
1989年 4・1 西東京第一初中級学校に改名	

	10~11　「パチンコ疑惑」契機に暴行事件多発	
1990年	2・23　狛江市の日本人校長一二名が学校訪問	
1991年		3・2　日本高野連が朝鮮高級学校の加盟を認める
1993年	10・11　東京都少年サッカー大会で準優勝	5・19　全国高校体育連盟が朝鮮高級学校生徒の全国総体への出場を認める方針（正式決定は秋の理事会）
1994年	2・22　JR各社が朝鮮学校生徒の通学定期の割引率を一条校並みにすることを決定 6~7月　「チマ・チョゴリ切り裂き事件」多発、本校生徒も被害に 11・18　東京都中学校体育連盟に加盟	8月　全国高校総体初出場
1995年	東京都が外国人学校教育運営費補助金支給開始	
1996年	4・10　学校創立五〇周年を迎える	
1997年	6・6　第一九回在日朝鮮初級学校中央サッカー	

		大会で初優勝（翌年も連続優勝）	
	6・14	第五一回立川市民体育大会サッカーの部で初級部六年生が優勝（翌年も連続優勝）	
	9・23	初級部サッカー部がさわやか杯15ブロック準優勝、都大会出場	
	10・26	「第一回ふれあいバザー」開催、二六〇〇人が集う（以後毎年開催）	
1998年	9月	「チマ・チョゴリ切り裂き事件」再発、本校生徒も再び被害に	
1999年	4月	チマ・チョゴリに代わる第二制服（ブレザー等）の導入	7・8 文部省が外国人学校卒業生の大検合格を条件に国立大学受験を認める。朝鮮大学校からの大学院入学も認める
2000年	8月	立川市中学校総合体育大会サッカーの部優勝	6・15 金大中大統領平壌訪問。「南北高位級会談」実現。「南北共同宣言」調印
	9月	図書室開設	
2001年	2・8	八王子市長が学校訪問	
	4・10	学校創立五五周年を迎える	

[ウリハッキョ（私たちの学校）をつづる会]
学校創立55周年を記念して朝鮮学校の歴史と今を記すために発足した、西東京朝鮮第一初中級学校のオモニたちの会。

[執筆担当者]
金　栄（キムヨン）編集責任者
東京朝鮮中高級学校を経て和光大学人文学部卒。
長女と長男がそれぞれ本校の初６、初５に在学。
会社員、ルポライター。「在日朝鮮人運動史研究会」会員。
共著書に『海を渡った朝鮮人海女』（新宿書房、1988年）

姜明子（カンミョンジャ）
東京朝鮮中高級学校卒、法政大学文学部中退。
長女、次女がそれぞれ本校の中１、初5に在学中。
校正業。

梁澄子（ヤンチンジャ）
本校第15期卒業生。
東京朝鮮中高級学校を経て明治大学文学部卒。
長女と次女がそれぞれ本校の中３、中１に在学。
通訳・翻訳業。一橋大学、現代語学塾などで朝鮮語講師。
「在日の慰安婦裁判を支える会」で宋神道さんの裁判支援運動を行っている。
共著書に『海を渡った朝鮮人海女』（新宿書房、1988年）
『朝鮮人女性が見た慰安婦問題』（三一書房、1992年）
『もっと知りたい慰安婦問題』（明石書店、1995年）
『共同研究　日本軍慰安婦』（大月書店、1995年）

呉文淑（オムンスク）
本校第15期卒業生。
朝鮮大学校文学部卒。
息子３人が本校の中２、初６、初３に在学。
東京朝鮮中高級学校国語教師を経て、現在朝鮮大学校文学部非常勤講師。

尹敬淑（ユンキョンスク）
東京朝鮮中高級学校を経て朝鮮大学校外国語学部卒。
長男が本校の中１に在学。
主婦。

朝鮮学校ってどんなとこ？

2001年11月30日　初版第1刷発行
2007年 6月30日　初版第2刷発行
著　者——ウリハッキョをつづる会
発行人——松田健二
装　幀——市村繁和（i-media）
発行所——株式会社社会評論社
東京都文京区本郷2-3-10　電話 03(3814)3861　FAX 03(3818)2808
http://www.shahyo.com
印　刷——株式会社技秀堂＋Ｐ＆Ｐサービス
製　本——株式会社技秀堂

Printed in Japan